Der neue Trend

basisch *kochen*

Genießer-Rezepte für Ihre Gesundheit & Ihr Wohlbefinden

von Sigrid Jäger

Impressum

VERLAG
© 2015 Presse-Druck- und Verlags-GmbH
Curt-Frenzel-Straße 2
86167 Augsburg
www.presse-druck.de

REDAKTION
Sigrid Jäger (Ltg.)
Regina Vossenkaul

LAYOUT | SATZ
Stefanie Klante, Main-Post, Würzburg
Corinna Ziemer, Medienzentrum Augsburg GmbH

PROJEKTMANAGEMENT
Andreas Schmutterer (Ltg.)
Andreas Zündt

DRUCK | PRODUKTION
AZ Druck und Datentechnik GmbH
Heisinger Straße 16
87437 Kempten

AUFLAGE | JAHR
2. Auflage 2015

ISBN
978-3-9816187-9-2

Inhalt

Der
8-Wochen
Wohlfühlplan
ab Seite 50

1

Vorwort

Vorwort

Der Trend geht immer mehr in die Richtung „gesünder kochen“. Dabei ist es wichtig, dass dies nicht zulasten des Geschmacks und des Genusses geht. Und es sollte schnell und unkompliziert gehen.

Als Ernährungs- und Gesundheitsberaterin wurde bereits häufig die Frage nach einem passenden Kochbuch zur basischen Küche an mich gerichtet. Ich habe mich daher bemüht, Rezepte zusammenzustellen, die einfach zu realisieren, schnell umsetzbar und möglichst preiswert sind. Wichtig war mir dabei, dass es der ganzen Familie schmeckt und die Veränderungen im Speiseplan sanft und fließend umgesetzt werden. Insofern waren Kompromisse bei der Erstellung der Rezepte unabdingbar.

Der Gesundheit und des Wohlgefühls zuliebe praktiziere ich eine überwiegend mediterrane Küche. Für alle, die es mögen, können ein- bis zweimal pro Woche leichte Fleischgerichte mit angeboten werden. Ich verzichte weitestgehend auf scharfe Gewürze oder verwende diese nur in geringen Mengen. Dafür bin ich recht verschwenderisch mit hochwertigen Ölen, die frisches Gemüse zu einem puren Geschmackserlebnis werden lassen können.

So entsteht eine köstliche Aromaküche, die nicht nur basisch ist, sondern auch dazu beiträgt, dass sich das Gewicht reguliert, die Gesundheit verbessert und man das Gefühl bekommt, jünger, vitaler und leistungsfähiger zu werden.

Lassen Sie sich von einem Hauch mediterraner Küche in Verbindung mit Wohlgefühl und Lebensfreude begeistern!

Und – im Falle einer Erkrankung – bitte immer den Arzt oder Heilpraktiker zurate ziehen.

Ihre

2

Basisch kochen contra *Übersäuerung*

Basisch kochen contra Übersäuerung

Die in diesem Buch vorgestellte leichte basische Küche geht zurück auf Erkenntnisse und Wissen der bekannten Äbtissin Hildegard von Bingen (1098–1179). Sowohl in den Klöstern als auch in den Privathaushalten war es damals selbstverständlich sich soweit als möglich von dem zu ernähren, was der eigene Garten und die Felder an Obst, Gemüse, Getreide und Kräutern hervorbrachten. Fleisch gab es zu dieser Zeit selten – die Ernährung war überwiegend basisch.

In der heutigen Zeit bleibt aufgrund der hohen Anforderungen in Beruf und Familie oft sehr wenig Zeit sich um einen eigenen Garten zu kümmern. Das Anpflanzen und die Pflege eines Nutzgartens erfordert viel Aufmerksamkeit, Arbeit, Zeit und Mühe. Wer in der Stadt wohnt, hat oft keine Gelegenheit, selbst Gemüse anzubauen. So ist es üblich geworden seinen Lebensmittelbedarf größtenteils im Supermarkt zu decken – das ist praktisch und einfach, weil eine große Vielfalt angeboten wird und der schnelle Einkauf unserer Zeitplanung entgegenkommt.

Belastbar und leistungsstark!

Obwohl die Menschen in der heutigen Gesellschaft durch Technik und Elektronik viel Arbeit abgenommen wird, hat man nicht den Eindruck, dass sie deshalb über mehr Zeit verfügen können. Unser Dasein ist vielmehr geprägt von Schnelllebigkeit und Zeitnot. Weil es so viel zu tun und zu erleben gibt, geraten viele Menschen in Hektik, Stress und Überforderung. War es in der »guten alten Zeit« besser? Die früheren Generationen hatten es nicht leicht: Jede Reise per Pferdekutsche war sicherlich anstrengend und dauerte sehr lange. Wäsche wurde per Hand gewaschen, mit Wurzelbürste und Waschbrett, Öfen mussten geschürt werden, besonders zum Kochen in der Küche, es gab keinen Staubsauger und keine Spülmaschine.

Sorgen um die Ernten hatten die Menschen in jedem Jahr. Zu viel oder zu wenig Niederschläge, Kartoffelkäfer oder Krautfäule – alles konnte den Ertrag bedrohen. Die Vorratswirtschaft war kompliziert ohne Konserven und Tiefkühltruhen. Gemüse wurde eingekocht, getrocknet oder gelagert, Fleisch konnte auch gepökelt werden.

Hungersnöte, Krisen- und Kriegszeiten – wie haben es diese Menschen geschafft, ihr Schicksal zu meistern, während viele von uns heute schon an ihrer Terminplanung scheitern? Hier spielt die körperliche und geistige Konstitution eine wichtige Rolle, denn gesunde Menschen sind meistens auch belastbar und leistungsstark. Die Ernährung trägt dazu bei, dass man kraftvoller und ausgeglichener durchs Leben gehen kann. Ein geregelter Säure- und Basenhaushalt, wie ihn die Naturheilkunde empfiehlt, begünstigt Ausgeglichenheit, Gelassenheit und führt zu innerer Stabilität. Der Kopf wird frei und es fällt leichter, das sich ewig drehende Hamsterrad der Gedanken anzuhalten.

Auch das Gehirn braucht ab und zu Entspannung, deshalb sollte man im »Hier und Jetzt« leben, ohne ständig im Kopf das abspielen zu lassen, was alles noch erledigt werden muss. Wenn wir frühstücken, dann frühstücken wir und sind nicht in Gedanken schon beim Einkaufen, auf der Bank oder beim Zahnarzt. Das bedeutet nicht, auf eine gute Planung zu verzichten, man sollte jedoch immer ganz konzentriert bei der Angelegenheit sein, die gerade ansteht.

Schlapp und lustlos? Das kann sich ändern, wenn der Körper entsäuert ist, denn von Natur aus verfügt der Mensch über genügend Kraft für alle zumutbaren Arbeiten und Anforderungen – wenn er sich entsprechend verhält.

Stress macht sauer!

»Jetzt werde ich aber sauer«, sagen wir, wenn uns der Ärger zu viel wird. Die deutsche Sprache zeigt hier genau auf, was in unserem Körper passiert. Stress und Ärger sind die natürlichen Feinde von Ruhe und Ausgeglichenheit. Ein wenig Stress, bei dem im Körper eine geringe Menge Adrenalin freigesetzt wird, schadet noch nicht, kann sogar belebend wirken. Das Herz- und Kreislaufsystem arbeitet schneller, denn natürlicherweise reagieren Mensch und Tier auf Bedrohungen mit »Flucht« oder »Kampf«, dabei hilft das freigesetzte Adrenalin. Wird dies jedoch zum Dauerzustand, kann Stress krank machen. Das Stresshormon Cortisol hat eine dämpfende Wirkung auf das Immunsystem. Das Hormon Noradrenalin, in Stresssituationen ähnlich wirkend wie das Adrenalin, wird in den Nebennieren produziert und ins Blut abgegeben. Es bewirkt eine Engstellung der Gefäße und lässt den Blutdruck ansteigen, was wiederum ein Risikofaktor für Schlaganfall und Herzinfarkt ist.

Stress kann stark belastend wirken und Magen- und Darmprobleme, Übelkeit, Engegefühle in der Brust, Muskelschwäche, Verspannung von Muskeln (Rückenprobleme), Energiemangel, Impotenz, Haarausfall, Hautausschlag, Herzstechen, Hörsturz, Gelenkschmerzen und ganz allgemein die Schwächung des Immunsystems verursachen. Der Arzt oder Heilpraktiker kann feststellen, ob die körperlichen Beschwerden auf Stress und die entsprechenden Reaktionen des Körpers zurückzuführen sind.

Wer dem nicht durch eine angemessenere Lebensweise aus dem Weg gehen kann, sollte zumindest darauf achten, durch eine überwiegend basische Ernährung einen Ausgleich zu schaffen. Das ist gut für uns selbst, aber auch für die Umgebung, denn übersäuerte Menschen sind leichter reizbar und unausgeglichen.

Kein Widerspruch: schnelle und gesunde Küche

Viele Menschen stehen nicht gern lange in der Küche, alles soll schnell, unkompliziert und schmackhaft sein. Die leichten basischen Rezepte sind weder zeitraubend noch besonders kompliziert.

Vieles ist in relativ kurzer Zeit zubereitet wie Gemüse, Nudeln, Pizza, gefüllte Pfannkuchen, Aufläufe, leckere Gemüsepfannen, Fisch- und Eierspeisen. Für einen Braten, Rouladen oder Gulasch benötigt man einfach mehr Zeit, auch dieser Aspekt spricht dafür, den guten alten »Sonntagsbraten« auf einen Tag in der Woche zu legen. Er sollte eine Ausnahme bleiben und dann in angenehmer Gesellschaft genossen werden. Langsam essen, gut kauen und miteinander reden und lachen ist genauso wichtig wie die richtigen Zutaten.

Aufgrund des allgemeinen Zeitmangels vergisst man mitunter manchmal zu »leben«, doch wann sollte man das tun – wenn nicht jetzt? Schnell und unkompliziert kochen ist ziemlich einfach, wenn in der Woche überwiegend vegetarische Gerichte genossen werden. Man kann die Speisen ein- bis zweimal mit etwas Putengeschnetzeltem, geräuchertem Lachs, Schafskäse oder Mozzarella verfeinern. Mindestens einmal pro Woche empfehle ich Fisch (aus nachhaltiger Fischerei).

Altes Wissen aktualisieren

In unserer schnelllebigen Zeit gerät das fundamentale Wissen unserer Vorfahren über Heilung und Ernährung immer mehr in Vergessenheit. Dies ist sehr schade! Denn man könnte die bewährten Schätze der Vergangenheit mit den neuesten Erkenntnissen der Medizin verbinden, zum Wohle für uns alle!

Die Menschen in Europa werden immer älter, sie wollen auch nach Eintritt ins Rentenalter ihr Leben genießen und freuen sich auf den Lebensabschnitt ohne Erwerbstätigkeit. Damit die Gesundheit beim Genießen des Alters keinen Strich durch die Rechnung macht, ist es wichtig, schon in jungen Jahren Prophylaxe zu betreiben.

In der Praxis wird die eigene Gesundheit spätestens ab Mitte 40 zum Thema, wenn sich erste Beschwerden einstellen, von lästigen Fettpölsterchen bis zu echten Funktionsstörungen. Die überwiegend basische Ernährung hilft, gesund und fit zu bleiben. Sie unterstützt die Arbeit des Stoffwechsels, in dem sie keine überflüssigen Säuren produziert, der Verdauungsapparat, die inneren Organe und die Zellen können ihre Arbeit ungehindert vollbringen. Die basische Küche enthält alle wichtigen Kohlenhydrate, Eiweiße, Fette, Vitamine, Mineralstoffe und Spurenelemente. Soweit die Zutaten aus biologischem Anbau stammen, regional eingekauft oder selbst erzeugt werden, leisten die Verbraucher zusätzlich einen wertvollen Beitrag für die Umwelt. Kurze Transportwege sind gut fürs Klima und die regionale Wirtschaft wird gestärkt. Einige Landwirte und Gärtner verkaufen auch direkt an den Verbraucher oder bieten Lieferungen ins Haus (Gemüsekisten) an.

Wir essen nicht nur um satt zu werden! Die Ernährung ist mehr als die Zuführung von Kalorien und berührt viele Aspekte des Lebens. Alle Verbraucher sollten deshalb nicht aufhören, sich für qualitativ gute Nahrungsmittel einzusetzen und sie zu kaufen, auch wenn sie geringfügig teurer sein sollten. Was nicht gekauft wird, verschwindet irgendwann aus den Regalen – die Kunden sollten sich ihrer Macht bewusst sein.

In der in diesem Buch empfohlenen basischen Küche muss man auf nichts verzichten, sondern einfach nur »Altes« gegen »Neues« eintauschen. Unterm Strich gesehen, ist das Ganze auch noch preiswerter.

Viel Spaß beim *Ausprobieren!*

3

Warum *basische Ernährung?*

Warum basische Ernährung und was ist daran neu?

Bei der überwiegend basischen Ernährung geht es um den pH-Wert, der im Urin bevorzugt neutral sein sollte. Blut und Gewebe jedoch leicht basisch. Wichtig zu wissen ist, dass der Wert 7,0 bis 7,4 als neutral gilt, alle Werte darüber sind basisch, alle Werte darunter sind sauer. Mit Hilfe eines pH-Indikatorpapiers kann man das leicht nachvollziehen. Eine 35-prozentige Salzsäure hätte beispielsweise den pH-Wert 1 auf der Skala, Cola den pH-Wert 3. Eine Waschmittellösung würde als Lauge einen pH-Wert von 10 bis 12 anzeigen, das Blut liegt mit dem pH-Wert von rund 7,4 im Bereich der Neutralität. Klares Wasser ohne Kohlensäure sollte bei einem pH-Wert 7 ganz neutral sein.

Ein gesunder Körper hält den pH-Wert relativ stabil, ebenso wie er bestrebt ist die Körpertemperatur immer bei rund 37 Grad zu lassen. Durch unsere Ernährung haben wir direkten Einfluss auf das Säure-Basen-Gleichgewicht. Ernähren wir uns überwiegend mit Säure bildenden Nahrungsmitteln, schafft es der Organismus irgendwann nicht mehr, das Gleichgewicht herzustellen. Der Körper kommt in einen ungesunden Zustand, er übersäuert und lagert saure Stoffwechselschlacken im Bindegewebe ein, weil er es nicht mehr schafft sie auszuscheiden.

Woher stammen die Säuren?

Einfach ausgedrückt: Alles, was wir zu uns nehmen, wird verstoffwechselt, das bedeutet, die brauchbaren Bestandteile der Nahrung und Flüssigkeiten werden verwendet, Ballaststoffe und alles Unbrauchbare werden ausgeschieden, überflüssige Energielieferanten werden als Fett deponiert. Säuren müssen jedoch vor dem Ausscheiden neutralisiert werden, dazu benötigt der Körper Mineralstoffe wie Calcium, Magnesium und Kalium. Werden diese bei der Nahrungsaufnahme nicht mitgeliefert, holt sie sich der Organismus aus den Depots, das sind zunächst Knochen, Zähne und der Haarboden. Brüchige Fingernägel sind deshalb ein Alarmzeichen!

Wer morgens ein Marmeladentoast mit gezuckertem Kaffee, mittags eine schnelle Bratwurst mit Brötchen, zwischendurch einen Schokoriegel und abends eine Fleischmahlzeit zu sich nimmt und dazu eine Limonade trinkt, hat viel zum sauren Stoffwechsel beigetragen, aber nichts Basenbildendes gegessen. Gemüse und verschiedene Obstsorten würden ausgleichend wirken und dem Stoffwechsel die notwendigen Bausteine liefern, um die Säuren zu neutralisieren. Welche Lebensmittel basisch beziehungsweise sauer wirken, können Sie der Tabelle am Ende des Buches entnehmen.

Bakterien, Viren und Pilze

Warum muss der Säure-Basenhaushalt im Gleichgewicht bleiben? In einem sauren Milieu gedeihen andere Bakterien, Viren und Pilze als in einem basischen. Wer übersäuert ist, bietet unter anderem Erkältungsbakterien und -viren sowie Pilzen wie dem »Candida albicans« beste Voraussetzungen. Die Bildung von Steinen in Nieren, Blase und Galle wird begünstigt, Rheuma und Gicht, Arthritis und Arthrose, Cellulitis und vieles mehr könnten entstehen.

Im basischen Milieu fühlen sich besonders die Mikroorganismen wohl, die unsere Gesundheit unterstützen. Basische Ernährung trägt dazu bei, die bereits abgelagerten Schlacken abzutragen, Heilungsprozesse werden unterstützt, Krankheiten haben weniger Chancen. Von Heilpraktikern wird ein Verhältnis bei der Ernährung von ⅓ sauer zu ⅔ basisch empfohlen.

Was ist das Neue?

Das wirkliche Neue, was diese leichte, basische Küche so einmalig und einfach macht, ist das geröstete Dinkelmehl.

Es hat einen feinen, nussigen Geschmack und man kann es praktisch für alles verwenden. Das Besondere an dem gerösteten Dinkelmehl ist, dass es sich vom herkömmlichen Vollkornmehl in seinen Eigenschaften sehr unterscheidet. Es ist sehr aromatisch und man sieht es nicht, wenn es ins Kochgut eingerührt wird, beispielsweise beim Binden von Suppen und

Soßen. Es löst sich einfach auf und hinterlässt höchstens einen feinen Glanz auf allen Speisen. Es genügen kleine Mengen, das Mehl kann sehr sparsam angewendet werden. Sie werden sehr schnell feststellen, wie gut man auch von insgesamt kleineren Portionen satt werden kann.

Besonders Menschen mit Magen- und Darmbeschwerden bestätigen mir immer wieder, wie schnell sich ihre Probleme gelöst haben. Blähungen wurden reduziert, der Bauch blieb flach und es gab auch kein Völlegefühl oder Müdigkeit nach dem Essen.

Alle Speisen, die Sie mit geröstetem Dinkelmehl verfeinern, werden bekömmlicher und es stellt sich normalerweise nach dem Essen ein wohliges Wärmegefühl ein. Dies ist ein Zeichen dafür, dass der Stoffwechsel angeregt wurde.

Vom Heilpraktiker empfohlen

Das geröstete Dinkelmehl wurde mir von einem sehr erfolgreichen und bekannten Heilpraktiker in der Nähe des Tegernsees empfohlen. Sein Wartezimmer war immer überfüllt von Menschen, die aus ganz Deutschland kamen und bei ihm Hilfe suchten. Meine Nachbarin drängte mich, dass ich diesen Heiler unbedingt kennenlernen müsse. Ich nahm dann irgendwann einen Termin bei ihm wahr und traf auf einen ganz besonderen Menschen.

Und wenn ich mich nicht sehr täusche, so hat dieser Eicke Merz, so hieß dieser Mann, schon damals geahnt, dass ich irgendwann einmal voller Begeisterung Kochkurse geben würde. Der Erfolg meiner Kurse wäre sicher nicht so groß geworden, hätte ich von ihm nicht das Rezept für das geröstete Dinkelmehl bekommen.

Zehn Kilo abgenommen

Vorher praktizierte ich eine ganz normale Vollkorn- und Müsli-Küche, so wie man es aus den Büchern in den 1980er-Jahren erlernen konnte. Dazu gehörten natürlich auch die Erfahrungen mit Rohkost und Frischkornmüslis. Eine Zeit lang wurde das in meiner Familie akzeptiert, aber eben nicht auf Dauer. Das änderte sich dann ganz schnell, als ich begann das geröstete Dinkelmehl selbst herzustellen und damit zu experimentieren. Danach war von Vollkornküche keine Rede mehr, es sah eher nach köstlichen Gourmetgerichten aus und schmeckte einfach super. Durch die regelmäßige Anwendung des gerösteten Dinkelmehls verlor ich in kürzester Zeit fast zehn Kilo, der Bauch hing nicht mehr über der Bikinihose und die Cellulitis verschwand erfreulicherweise zusehends.

Da mir die Erfahrung anfangs noch fehlte, gelang natürlich nicht alles, was ich so in der Küche zauberte. Doch das war völlig egal, ein bisschen geröstetes Dinkelmehl, dazu einen guten Schuss Bio-Sahne und es schmeckte immer allen richtig gut.

Auch ohne Fleisch köstlich kochen

Kochbücher mit geröstetem Dinkelmehl gab es natürlich keine, also begann ich mir alles selbst auszudenken und mischte die Zutaten nach Lust und Laune. Immer öfter stellte ich fest, dass Fleisch nicht unbedingt notwendig war. Dessen Zubereitung ist meistens etwas zeitraubend, und meine Zeit konnte ich auch mit anderen Dingen viel besser verbringen.

Da ich aus der Touristikbranche komme, fühlte ich mich in unseren südlichen Nachbarländern wie zu Hause. Ich liebe besonders die französische und italienische Küche. Also probierte ich einfach aus das nachzukochen, was ich im Süden am liebsten gegessen hatte.

Die französischen Sahnesoßen gelangen mir mit dem gerösteten Dinkelmehl besonders gut, und die italienischen Nudelgerichte waren mit den Oberkulmer Rotkorn-Dinkelnudeln und viel Gemüse ein wahrer Genuss. Ein wenig Mozzarella oder Schafskäse, eventuell auch

Thunfisch und ein guter Rotwein rundeten das Ganze ab, und das Highlight waren die Pfunde, die einfach davonpurzelten.

Bevor ich mit dem geröstetem Dinkelmehl gekocht habe, hatte ich, wie in der Vollwertküche üblich, verschiedene Getreidesorten verwendet. Doch erst nachdem ich, auch aus Bequemlichkeit heraus, fast nur noch Oberkulmer Rotkorn-Dinkel verwendete, nahm ich ab. Auch regulierte sich der Säure- und Basenhaushalt relativ schnell, sodass die Messwerte des Morgenurins sich fast regelmäßig im neutralen pH-Wert von 7,4 befanden.

Die Kunst der Einfachheit

Die Küchenschränke werden leerer bei der leichten basischen Küche, man braucht sehr wenig an Zutaten und eine gewisse Ordnung zieht sich wie ein roter Faden durch das gesamte Kochen. Die Kunst liegt in der Einfachheit der Zubereitung und darin, den Eigengeschmack von frischen Zutaten zu nutzen und ihn durch die Verwendung von geröstetem Dinkelmehl richtig hervorzuheben.

Sie müssen auch nicht ganz auf säuernde Lebensmittel wie Fleisch oder Kaffee verzichten. Gleichen Sie einfach die Lebensmittel, auf die unser Körper »sauer« reagiert, mit der doppelten Menge an basischen Lebensmitteln aus! Wenn Sie gerne Kaffee trinken, können Sie die Säure mit einer Messerspitze Traubenkernmehl etwas neutralisieren. Im Zuge der Veränderung Ihrer Küche in den überwiegend basischen Bereich werden Ihre Schleimhäute im Mund darauf reagieren und der Kaffee wird Ihnen automatisch nach einer gewissen Zeit nicht mehr so gut schmecken.

Vielleicht halten Sie auch mal nach edlen Teesorten Ausschau und entdecken zum Beispiel, wie köstlich weißer Grüntee zum Frühstück schmecken kann, eventuell mit etwas frischer Zitrone und Honig.

Basisch und gut gelaunt

Sie werden recht schnell bemerken, dass basische Bio-Lebensmittel gute Laune machen und so kann der Tag für die gesamte Familie doch nur gut anfangen. Beginnen Sie mit einem schönen Frühstück, vielleicht mit einem Bananen-Sahne-Dinkel-Müsli oder einem Dinkel-Toast mit Frischkäse oder Quark.

Meine Empfehlung an alle, die für die Küche zuständig sind und ihre Familie erst überzeugen müssen: Übertreiben Sie bitte nicht! Das kann Abneigungen hervorrufen, die nur schwer wieder abzubauen sind. Fangen Sie langsam an und tauschen Sie Zug um Zug die konventionellen Nahrungsmittel gegen Bio-Lebensmittel aus, in dem Bewusstsein für Ihre Liebsten und sich selbst etwas Gutes zu tun. Bevorzugen Sie beispielsweise qualitativ hochwertige Fruchtmarmeladen mit Rohrzucker, bei denen wenig auf dem Butterbrot schon das reinste Geschmackserlebnis ist. Das ist wesentlich besser, als durch Marmeladen mit zu viel Zuckeranteil Gefahr zu laufen, in die

Übersäuerung zu rutschen. Die biologischen Lebensmittel scheinen natürlich zu Beginn der Umstellung etwas teuer zu sein. Aber hier gilt wie überall: Weniger kann mehr sein. Wenn Sie bedenken, was Sie künftig an teuren Fleisch- und Wurstwaren einsparen, dann lohnt es sich schon einen Versuch zu starten. Bevorzugen Sie so weit als möglich Geflügel, Rind und Lamm und halbieren einfach einmal die Menge, die Sie sonst für die ganze Familie benötigen. Mit den in diesem Buch vorgestellten Rezepten ist das gar nicht so schwer.

Zum Anfang kleine Schritte

Zur Grundausstattung für die leichte basische Küche gehört auf jeden Fall das geröstete Dinkelmehl. Wer gerne ein stärkendes Müsli zum Frühstück mag, braucht künftig keine fertigen Müslis mehr kaufen. Das spart schon einmal Geld.

Man nimmt ganz einfach verschiedene frische Früchte der Saison, im Winter auch Birnen- oder Apfelkompott, 1 bis 2 TL geröstetes Dinkelmehl, dazu Sahne, Joghurt oder Soja-Pudding nach Geschmack, eventuell Sonnenblumenkerne und Nüsse sowie 1 kleine Prise Galgant – schon ist man satt und startklar. Sehr wohltuend ist ein leicht angewärmtes Müsli, weil die Wärme den Stoffwechsel anregt.

Trockenfrüchte sind ebenfalls eine gute Alternative: Gemischtes Trockenobst einweichen und etwas weich kochen, dazu Bio-Schlagsahne, etwas Zimt und alles binden mit etwas geröstetem Dinkelmehl. Man speichert dadurch sehr hochwertigen Fruchtzucker im Blut, der die Leistungskraft und das Durchhaltevermögen steigert und einige Stunden anhält.

Ein Abnehmfrühstück mit Hirse

Wer gerne sein Körpergewicht reduzieren möchte, sollte unbedingt dieses leckere und wohltuende Abnehmfrühstück probieren:

Dazu braucht man 1 bis 2 EL braune Wildhirse, 1 bis 2 EL gemahlene oder geflockte Erdmandeln, ¼ TL Traubenkernmehl, 1 bis 2 TL geröstetes Dinkelmehl, Joghurt, Schlagsahne, Soja-Pudding oder Soja-Joghurt nach Geschmack, frische oder eingeweichte Trockenfrüchte, etwas Zimt, etwas Galgant.

Dieses Frühstück hält normalerweise den Blutzucker so lange konstant, dass man mittags wirklich nur eine Kleinigkeit zum Essen benötigt.

Natürlich können Sie auch zum Frühstück Dinkelbrot oder Dinkelbrötchen essen. Erstens sättigen diese sehr gut und zweitens ist im sortenreinen Dinkel Lithium enthalten – das ist ein Spurenelement, dem eine antidepressive Wirkung zugeschrieben wird, weil es die Ausschüttung von Serotonin, dem »Glückshormon« unterstützt.

Beginnen wir also den Tag mit bestmöglichen Voraussetzungen – man weiß ja nie, was er noch bringt.

Butter – ein hochwertiges Lebensmittel

Sobald Ihre übliche Butter- oder Margarinesorte aufgebraucht sein sollte, steigen Sie um auf eine gute, hochwertige Bio-Butter. Sie ist ein reines Naturprodukt und liefert fettlösliche Vitamine und Mineralstoffe. Im Angebot sind Süßrahm- oder Sauerrahm-Buttersorten.

Brot oder Brötchen, dazu eine gute Bio-Butter, als Belag eventuell Honig, Bio-Quark oder Marmelade mit Rohrzucker (wenn es Wurst sein muss, dann fettarme Geflügelsorten nehmen) – so kann das Frühstück zum Festmahl werden. Sobald Ihr Salz aufgebraucht ist, kaufen Sie sich ein hochwertiges Bio-Meersalz und auf jeden Fall ein schmackhaftes Kräutersalz. Bevorzugen Sie Kräutersalze, die Algen enthalten, damit Ihre Jodzufuhr ausreichend ist. Diese können den Einstieg in die basische Küche erleichtern. Damit fällt es kaum auf, dass sich das Würzen verändert hat. Mit einem schmackhaften Kräutersalz steht und fällt Ihre basische Küche!

Tipps für die warmen Hauptmahlzeiten

Egal ob Sie mittags oder abends Ihre warme Hauptmahlzeit zu sich nehmen, das geröstete Dinkelmehl wird mit Sicherheit Ihr treuester und bester Begleiter werden. Gemeinsam mit Bio-Sahneprodukten oder Soja-Sahne leistet es als »Fleischersatz« gute Dienste und es fällt kaum auf, dass ab jetzt vegetarischer gegessen wird.

Wichtig ist vor allem eines: Es muss richtig gut schmecken und man muss satt werden! Das Sättigungsgefühl sollte auf jeden Fall bis zur nächsten Mahlzeit anhalten. Auch wenn man bei der leichten basischen Küche Zutaten wie Bio-Sahne, Bio-Schmand, Bio-Crème fraîche oder Soja-Sahne verwendet, darf man hier essen ohne Reue und bleibt trotzdem in Form. Das liegt unter anderem daran, dass die Säure bildenden Wurst- und Fleischwaren reduziert sind. Sie beinhalten eine Menge versteckter Fette, die man zu sich nimmt, ohne sich dessen bewusst zu sein. Außerdem funktioniert der Stoffwechsel im basischen Milieu besser. Sagen Sie den Fertigprodukten und Tütensuppen »goodbye« und konzentrieren Sie sich auf eine gute neue Kochkunst, bei der Obst und Gemüse im Mittelpunkt stehen. Sparen Sie Zeit, indem es nur am Sonntag einen aufwendigen Braten gibt, eventuell Mitte der Woche etwas Geflügel.

Mein Tipp: Kochen Sie nicht immer alles einzeln, wie zum Beispiel Fleisch, Gemüse und Kartoffeln, das ist viel zu aufwendig. Denken

Sie an die mediterrane Küche und stellen sich leckere Nudelpfannen und Auflaufgerichte vor, die Sie entsprechend umgestalten.

Binden und panieren

Ganz einfach ist es, das geröstete Dinkelmehl zum Binden von Speisen zu verwenden. Man verrührt 1 bis 2 EL geröstetes Dinkelmehl in einer halben Tasse Wasser und gibt diese Mischung in heiße oder kalte Speisen, wie Fleischsoßen, den Sud von gedünstetem Fisch, in gedünstetes Gemüse in Suppen und in Süßspeisen. Alles wird einmal kurz aufgekocht, so bekommen die Speisen eine feincremige Konsistenz. Das geröstete Dinkelmehl hebt den Eigengeschmack aller Gemüsesorten besonders gut hervor. Man könnte es als gesunden vollwertigen Geschmacksverstärker bezeichnen.

Gut geeignet ist das geröstete Dinkelmehl auch zum Panieren von Fleisch, Fisch oder Käse. Zunächst würzen, dann die Filets im Mehl wenden. Bitte hier kein geschlagenes Ei verwenden, sonst wird die Panade zu dick.

Probieren Sie einmal aus, Bratkartoffeln, wenn Sie fast fertig sind, mit geröstetem Dinkelmehl zu überstreuen, zu salzen und nochmals unter Wenden gut durchzubraten. Sie werden dadurch richtig schön knusprig und schmecken ausgezeichnet.

Mit etwas geröstetem Dinkelmehl kann man auch Kräuterquark aufwerten, Eieromelette, Kartoffelbrei oder Frikadellen (Bouletten, Fleischküchle). Bei Frikadellen kann dadurch die Hälfte des Fleischbestandteils ersetzt werden, das schmeckt auch gut bei gefüllten Paprika und Kohlrouladen.

Es gibt eigentlich kaum etwas, wo das geröstete Dinkelmehl nicht hineinpassen würde. Man braucht etwas Kreativität und Mut dafür und wird feststellen, dass man es nach kurzer Zeit nicht mehr missen möchte.

4

Dinkel –
Ein ganz besonderes Getreide

Dinkel – Ein ganz besonderes Getreide

Das Gehirn und alle Zellen des Körpers brauchen Mineralien und Vitamine, um richtig funktionieren zu können. Wohlbefinden und eine zufriedene Grundstimmung können durch die Regulierung des Säure- und Basenhaushaltes positiv beeinflusst werden.

Dinkel, eine besondere Getreideart mit vielen wertvollen Inhaltsstoffen, ist ein wichtiger Bestandteil der in diesem Buch empfohlenen basischen Küche. Hildegard von Bingen hielt Dinkel für die wertvollste Getreideart getreu dem Ausspruch von Hippokrates »Eure Lebensmittel sollen eure Heilmittel sein«. Empfohlen wird die Sorte Oberkulmer Rotkorn, eine sehr ursprüngliche Dinkelart, die auch von vielen Getreide-Allergikern gut vertragen wird und viele für Nerven und Gehirn wichtige Bestandteile hat.

Die hochwertigen Inhaltsstoffe tragen dazu bei, dass man die täglichen Herausforderungen mit Gelassenheit und Freude annehmen und meistern kann. Ist der Körper mit allen notwendigen Grundstoffen versorgt, kann er sich die »Leichtigkeit des Seins« wieder zurückerobern. Das bedeutet nicht, dass alle Sorgen verschwinden, die Frage ist, wie man sie trägt und bewältigt.

Wer drei bis vier Wochen die in diesem Buch empfohlenen basischen Rezepte ausprobiert, dazu ein Basenfrühstück und ein vitalstoffhaltiges leichtes Abendessen genießt, wird schnell mögliche Veränderungen bemerken:

- man wirkt etwas jünger, vitaler und die Gesichtszüge werden weicher
- bei Übergewicht kann sich eine leichte Gewichtsreduktion einstellen
- der Appetit auf Süßigkeiten kann nachlassen
- das Bindegewebe fühlt sich besser an
- der Schlaf wird tiefer und erholsamer
- die Leistungskraft ist gestärkt
- das Durchhaltevermögen bessert sich
- die Konzentrationsfähigkeit steigt
- man wird etwas ruhiger, gelassener und humorvoller
- man fühlt sich rundherum wohl

Dinkel *– das Geheimnis!*

Geröstetes Dinkelmehl:

- zum Verfeinern von Suppen, Soßen, Gemüse und Süßspeisen
- zum Panieren von Fisch, Fleisch und Käse
- als Müsli mit Obst, Sahne, Joghurt, Soja-Pudding oder Milch
- als Geschmacksverstärker in Gemüse, über Bratkartoffeln (werden wunderbar rösch), in Kartoffelbrei, Omelette und Quark
- als Grießbrei und ganz besonders gut für Säuglinge als Babybrei
- anstelle von Fleisch für Frikadellen und als Füllung für Paprikaschoten und Kohlrouladen

Man verwendet ca. ½ TL pro Person pro Mahlzeit, insgesamt jedoch nicht mehr als maximal 2 bis 3 gehäufte Esslöffel pro Rezept.

Frisch gemahlener Dinkel:

- zum Backen von Brot, Brötchen, Kuchen und Keksen
- für Pfannkuchen, Kartoffelklöße (anstelle von Kartoffelmehl), Knödel, Spätzle, Waffeln und Pizza
- für selbst hergestellte Nudeln

Wichtig ist, dass der Dinkel sortenrein ist, weil er sich leichter verarbeiten lässt. Wenn man den Dinkel in der eigenen Haushaltsmühle mahlt, kann man das Mehl zweimal durch die Mühle schicken, dann wird es richtig schön fein, beispielsweise für das Backen von Keksen und Kuchen.

Dinkelreis

- für Suppen, Gemüse, Fleisch, Fisch und Süßspeisen
- ins Müsli oder für kleine Zwischengerichte mit Quark oder Joghurt
- über frischen Salat oder auch sehr lecker im Kartoffelsalat

Als Dinkelreis bezeichnet man gekochte Dinkelkörner, die dann aussehen wie dunkler Reis und sich auch ähnlich verarbeiten lassen.

Geröstetes Dinkelmehl selbst herstellen:

Dazu wird 1 kg Dinkelkörner eine Stunde lang bei 90 bis 100 Grad im Backofen geröstet. Anschließend acht Stunden – das ist wichtig – auskühlen lassen und dann mahlen.

5

Eine köstliche Alternative:
Dinkelkörnchen

Eine köstliche Alternative: Dinkelkörnchen

Gekochte Dinkelkörnchen sind der Ersatz für den üblichen Reis. Natürlich werden diese erst einmal ganz skeptisch begutachtet, denn sie sind ja dunkel und etwas größer als der übliche Haushaltsreis. Dafür sind sie aber die reinsten Energiebomben und schmecken richtig schön knackig. Es handelt sich hier um das keimfähige Korn, nicht um den sogenannten Dinkelreis, der noch einmal bearbeitet, das heißt geschliffen und so in Reiskorngröße gebracht wurde.

Die Umstellung auf eine basische Ernährung beginnt im Kopf und da müssen die Vorurteile erst einmal auf die Seite geschoben werden. Das gelingt oft nur schwer, weil die Werbung für konventionelle Ernährung ständig präsent ist. Wir leben im Zeitalter der Kommunikation und da gehören die Medien nun einmal dazu. Unser Unterbewusstsein speichert die Informationen, die wir aufnehmen und bestimmt auch unseren Einkauf über den Wiedererkennungseffekt. Doch sollten wir bedenken, dass die Lebensmittelkonzerne und auch die Werbung dem allgemeinen Trend folgen, der von den Verbrauchern mitbestimmt werden kann. Was nicht gekauft wird, verschwindet bald aus den Regalen.

Qualität statt Quantität

Denken Sie mal zurück: Vor dem Jahr 2000 gab es in den Supermärkten kaum Bio-Produkte. Diese gab es nur in Bio-Läden und wer diese betrat, wurde oft belächelt. Wie sehr hat sich das Erscheinungsbild inzwischen geändert! Und warum? Na, ist doch ganz klar: Wir, die Verbraucher, haben das so gewollt. Die Nachfrage nach Bio-Lebensmitteln steigt immer mehr, weil wir qualitätsbewusster werden. Wir möchten, dass eine Tomate auch nach Tomate schmeckt, ein Apfel sollte nicht nur schön aussehen, sondern auch ein Geschmackserlebnis sein. Auch die vielen Nahrungsmittelunverträglichkeiten, unter denen inzwischen zahlreiche Menschen leiden, haben die Nachfrage nach Qualität statt Quantität gesteigert.

Insgesamt ist die Entwicklung auf dem Bio-Markt in Deutschland doch sehr positiv und darüber dürfen wir uns mit Recht freuen. Sobald wir beginnen bewusster einzukaufen und auf Bio-Siegel zu achten, beginnt der Umweltschutz bei uns zu Hause. Ich bin auch ziemlich sicher, dass viele Landwirte gerne auf künstliche Düngemittel, Pestizide und Fungizide verzichten, wenn sie für das, was sie auf den Feldern anbauen, pflegen und ernten, auch einen entsprechend hohen Preis bekommen. Natürlich können wir alles billig einkaufen, doch wo bleibt die Qualität? Bei Lebensmitteln, die ja unser »Mittel zum Leben« sind, sollte jeder auf hochwertige biologische Qualität Wert legen.
Und dass der Markt auf die Ansprüche des Verbrauchers reagiert, beweist der Anstieg der Bio-Lebensmittel in den Regalen fast aller Supermärkte. Ihre Kinder werden es Ihnen einmal danken, wenn sie sich als Erwachsene daran zurückerinnern, was Mama und Papa im Kühlschrank hatten. Mit Bio kann man punkten! Wir können nur hoffen, dass die Umweltprognosen, die ja ganz besonders durch den amerikanischen Kinofilm von Al Gore bekannt wurden, nicht tatsächlich zur Realität werden.

Jeder will für seine Kinder nur das Beste, doch was nützt ein großes finanzielles Erbe, wenn die Luft zum Atmen nicht mehr sauber ist und die sich entwickelnden Klimaveränderungen zu immer mehr Katastrophen führen. Dass sich unser Klima verändert hat, dürfte inzwischen jeder von uns bemerkt haben. Es ist doch eine spannende Herausforderung dafür zu sorgen, dass die von uns heraufbeschworenen Umweltprobleme auch wieder in Ordnung gebracht werden. Wir haben es ja nicht absichtlich gemacht, wir wussten es eben nicht besser. Jede Generation hat ihre eigenen Herausforderungen und vielleicht haben gerade wir zu lernen, dass wir unsere Umwelt genauso pfleglich zu behandeln haben wie unser Auto, Schmuck, Haus und Garten.

Dinkelmousse als Beilage

Doch jetzt wieder zurück zu den Dinkelkörnchen. Veränderungen in der Küche erreicht man am besten über einen besonders guten Geschmack. Die Dinkelkörnchen bringen nicht nur wertvolle Inhaltsstoffe, sondern passen auch zu vielen Speisen und werten diese auf.
Körnchen brauchen ca. eine Stunde zum Weichkochen und wie beim Reis die doppelte Menge an Wasser. Durch vorheriges Einweichen kann man die Kochzeit reduzieren. Erst werden die Körnchen hoch erhitzt, um dann bei mittlerer Temperatur gekocht zu werden. Bleibt eventuell etwas Flüssigkeit im Topf übrig, bitte irgendwo mitverwenden, denn darin befinden sich viele Mineralstoffe, die unter anderem für eine schöne Haut sorgen.

Wer die Körnchen nicht gleich sichtbar servieren will, kann sie in der Küchenmaschine grob pürieren und als helle Mousse servieren. Pürieren Sie die Körnchen gleich mit etwas Salz, frischer Petersilie und Bio-Sahne nach Geschmack. Dazu kann man beispielsweise Pilzragout mit Zwiebeln und grünem Salat anbieten. Als Variante könnten Sie die Körnchen auch in den Kartoffelbrei einarbeiten oder in anderes Gemüse.

Die pürierten Körnchen schmecken sehr lecker zu:

- gedünstetem Fischfilet mit Kohlrabigemüse
- Lachsfilet mit Zitronenmelisse gebraten, dazu in Butter gedünsteter Brokkoli
- Lamm-Koteletts mit Rotkohl (wobei Lammfleisch und die pürierten Körnchen sehr gut zusammen passen, wenn die Körnchen gleich mit frischem Knoblauch mitpüriert werden)
- Hähnchenschenkel und Fenchel-Tomatengemüse mit geröstetem Dinkelmehl, gegrilltem Gemüse verfeinert mit Schafskäse oder Mozzarella.

Kochen Sie am Anfang genau so, wie Sie schon immer gekocht haben und bieten anstelle von Kartoffeln oder Reis das Körnchen-Mousse an. Nach einiger Zeit sollten Sie beginnen die gekochten Körnchen in das tägliche Essen mit einfließen zu lassen. Erstaunlicherweise gibt es Kinder und Erwachsene, die Körnchen von Anfang an lieben, oft sogar gesüßt oder leicht gesalzen am Abend zum Fernsehen, als Ersatz für Chips oder Süßes.

In Spanien werden abends grüne oder schwarze Oliven mit gerösteten und gesalzenen Mandeln gegessen, probieren Sie dies einmal aus, alles zusammen sehr basisch und einfach köstlich, wenn man nicht unbedingt auf »Süß« steht.

Heißhunger auf Süßes verschwindet

Übrigens verschwindet durch die basische Küche oft der Appetit auf Süßes, der sich meistens dann einstellt, wenn man nicht richtig satt oder mit bestimmten Inhaltsstoffen unterversorgt ist! Ein Beispiel ist der »Hunger auf Magnesium«, den das Nervensystem signalisiert. Die Nerven brauchen den lebensnotwendigen Mineralstoff, um gut zu funktionieren. Magnesiummangel macht sich bemerkbar durch Nervosität, zitternde Hände oder Füße, Ängstlichkeit oder Schlafprobleme. Sollten Sie hier Beschwerden haben, bitte unbedingt den Arzt oder Heilpraktiker aufsuchen.

Bereichern Sie Ihr Wissen soweit als möglich durch Schulungen über Homöopathie, Pflanzenheilkunde und Schüssler Salze. Der Eigenbehandlung sind jedoch Grenzen gesetzt, deshalb bitte im Krankheitsfall immer einen Arzt hinzuziehen. Unterstützen Sie die ärztlichen Behandlungen in jedem Fall mit basischer Ernährung, guten basischen Kräutertees und Entspannungsübungen.

6

Gute Ernährung
fängt beim Einkaufen an

Gute Ernährung fängt beim Einkaufen an

Wo bekomme ich gute Lebensmittel, die umweltschonend hergestellt, möglichst regional eingekauft werden und die auch die Inhaltsstoffe besitzen, die den menschlichen Organismus gesund erhalten, also nicht aus »ausgelaugten« Böden stammen? Kann man sich auf die Kennzeichnungen der Bio-Verbände verlassen?

Bio schmeckt köstlich, ist gesünder und besser für die Umwelt – das wissen fast alle Verbraucher. Doch was steckt dahinter und warum gibt es auch hier große Unterschiede? Um diese Frage zu beantworten, muss man sich die Ziele und Richtlinien der Anbauverbände und die Grundlagen durch die EU-Gesetzgebung vor Augen halten. In Deutschland gibt es verschiedene Bio-Anbauverbände und das sechseckige EU-Biosiegel, das jetzt von einem Zeichen mit einem grünen Blatt abgelöst wurde. Namen wie Demeter, Bioland, Naturland, Biokreis, Biopark, Gäa, Alnatura, EcoVin oder Bio mit Gesicht garantieren den Anbau und die Tierhaltung nach ökologischen Grundregeln, das wird auch genau kontrolliert.

Bio-Lebensmittel oder konventionell?

Lebensmittel sollten, wie der Name sagt, Leben vermitteln. Unter diesem Gesichtspunkt reicht es heute nicht mehr aus, unsere Nahrung nur nach den Angaben von Nährstoffen, Mineralien oder Kalorien auszuwählen. Es sind nicht die Substanzen als solche, sondern es ist die Kraft des Lebens, die sich zeitweise an die Materie bindet. Der Ernährungsbegriff sollte über die rein stoffliche Betrachtung hinausgehen. Die Pflanze als stofflicher Gegenstand stellt das Ergebnis eines abgeschlossenen Prozesses dar und ist wiederum selbst Auslöser neuer Prozesse.

Nur Pflanzen können wirklich neues Leben schaffen: Sie machen aus Totem Lebendiges. Mit Hilfe der Fotosynthese wird durch die Umwandlung von Licht neue Materie aufgebaut. Diese in der Pflanze gespeicherte Vitalität ist ein wesentlicher Bestandteil, den wir, zusätzlich zu den stofflichen Bestandteilen, über unsere Lebensmittel aufnehmen.

In Bio-Lebensmitteln sind nachweislich weniger Pestizide zu finden, viel wichtiger ist aber die zumeist artgerechtere Anbauweise und Entwicklung. Die verschiedenen Teilprozesse der Entwicklung eines Lebensmittels können beispielsweise durch intensive Düngung beeinflusst werden. Dies kann unter dem herrschenden Zeitdruck zulasten anderer Teilprozesse gehen und eine Verkürzung der Wachstums- und Reifeprozesse zur Folge haben. Unterschiede in der Entwicklung beeinflussen die innere Struktur beziehungsweise innere Qualität, diese Pflanzen weisen eine unvollkommene Ausgestaltung auf.

Der Begriff artgerechte Tierhaltung ist in der biologischen Landwirtschaft ein etablierter Begriff, dementsprechend sollte es auch eine arttypische Ausprägung als Qualitätsmerkmal von pflanzlichen Erzeugnissen geben. Konventioneller Anbau liefert zwar höhere Erträge, aber die volle arttypische mögliche Entfaltung oder Reife der Pflanzen wird nicht erreicht.

Sind höhere Preise gerechtfertigt?

Lebensmittel stehen oft im Mittelpunkt der Preisdiskussion, obwohl der prozentuale Anteil an den Gesamtausgaben der Konsumenten heute nur noch bei 13 bis 14 Prozent liegt. Durch die Häufigkeit des Lebensmitteleinkaufs sind uns die Ausgaben für Lebensmittel sehr bewusst und vor allem der Preisunterschied zwischen Bio-Lebensmitteln und den konventionellen Produkten.

Die von uns bezahlten Preise ermöglichen es jedoch den Bio-Produzenten auch in Zukunft ihre Produkte in der gewünschten Qualität anzubieten. Man sollte sich die Bedeutung des Wortes »preiswert« verdeutlichen. Man sollte die Frage stellen »ist das Produkt seinen Preis wert?« und nicht »wo bekomme ich die billigste Variante eines Produktes«. Dass biologisch erzeugte Lebensmittel ihren Preis wert sind, kann durchaus bejaht werden.

Warum ist biologische Ernährung umweltfreundlich?

Die Ernährung mit biologischen Lebensmitteln wird durch Öko- beziehungsweise Bio-Landbau ermöglicht. Der Öko-Landbau ist eine besonders naturnahe und umweltschonende Form der Landwirtschaft. Es werden keine chemisch-synthetischen Pflanzenschutzmittel oder mineralische Stickstoffdünger verwendet. Auf Grüne Gentechnik wird grundsätzlich verzichtet.

Im Mittelpunkt des Öko-Landbaus, vor allem im Sinne der Bio-Anbauverbände, steht die sogenannte Kreislaufwirtschaft. Der Bio-Bauer versucht auf seinem Hof ein Gleichgewicht zwischen Boden, Pflanzen und Tieren herzustellen und in einem Betriebskreislauf zu wirtschaften: Er kultiviert den Boden auf natürliche Weise, um darauf kräftige Pflanzen anbauen zu können. Die Pflanzen dienen dem Bauern nicht nur als Nahrung und Lebensunterhalt, sondern auch als Futter für seine Tiere. Der Mist der Tiere sorgt gemeinsam mit dem Kompost wiederum als natürlicher Dünger für den Boden und ein gesundes Wachstum der Pflanzen. Der Bauer hält nur so viele Tiere, wie er mit dem hofeigenen Futter ernähren kann. Dadurch entsteht auch nur so viel Mist und Gülle, wie er für seine Felder benötigt. Dieses Gleichgewicht zwischen Bodenbearbeitung, Pflanzenanbau und Tierhaltung schont die Umwelt.

Ein besonderes Anliegen im Bio-Landbau ist die artgerechte Tierhaltung. Die Tiere bekommen Platz für den Auslauf, aber auch für Rückzugsmöglichkeiten. Sie erhalten Bio-Futter, meist vom eigenen Hof, und haben ein gutes Stallklima mit Stroheinstreuung. Käfighaltung bei Hühnern oder Spaltbödeneinsatz bei Schweinen sind nicht erlaubt. Diese Haltungsbedingungen führen dazu, dass die Tiere vitaler und weniger gestresst sind. Das kommt nicht nur den Tieren zugute, sondern spürbar auch der Qualität des Fleisches, der Eier und der Milch.

Lebendige Böden sind fruchtbar

Das Wichtigste für einen Bio-Acker ist ein gesunder und lebendiger Boden. Bio-Landwirte nutzen bewährte, natürliche Methoden, um die Böden fruchtbar zu erhalten und ihren Humusgehalt zu erhöhen. Dazu gehören zum Beispiel vielfältige Fruchtfolgen und das Säen von Wildpflanzenstreifen am Ackerrand. Diese sind nicht nur besonders schön anzusehen, sondern schaffen gleichzeitig Lebensräume für viele Insekten und andere Pflanzen- und Tierarten. Um bestmöglich Struktur und Fruchtbarkeit der Böden zu erhalten, pflügen einige Bio-Bauern möglichst flach. So kann der Boden auch seine Aufgabe als Trinkwasserfilter und Wasserspeicher erfüllen. Regenwürmer und andere Kleinstlebewesen helfen bei der wichtigen Filterarbeit des Bodens.

Der Anbau unterschiedlicher Feldfrüchte reichert die Erde mit verschiedenen Nährstoffen an, die sich ergänzen und von der Folgefrucht gut gebraucht werden können. Diese Abwechslung auf den Feldern sorgt gleichzeitig dafür, dass sich Schädlinge erst gar nicht einnisten können. Mit diesen Anbaumethoden nutzen Bio-Bauern unsere natürlichen Lebensgrundlagen nicht nur besonders verantwortungsbewusst, sondern fördern sie gezielt und vermeiden Umweltbelastungen.

Neu bei einigen Betrieben im Bio-Landbau ist die Aussaat von samenfestem Bio-Saatgut (aus Züchtung im Einklang mit der Natur), also »Bio von Anfang an«. Auf diese Weise erhält der Bauer mit der Ernte auch gleich wieder Saatgut, das erneut ausgesät werden kann. Damit verstärken die Landwirte die betriebseigene, unabhängige Kreislaufwirtschaft und erhöhen einmal mehr die Qualität ihrer Erzeugnisse.

(Quelle: Thomas Gutberlet)

7

Warenkunde

Lebensmittel, Kräuter & Gewürze

Äpfel

Hildegard von Bingen empfahl nur selten etwas roh zu essen, bei Äpfeln machte sie eine Ausnahme. Auch gekocht oder gedünstet seien sie äußerst bekömmlich. Sie wirken gegen krankmachende Darmbakterien, deshalb galt Apfelmus als gutes Mittel gegen Durchfall und Fieber. Das enthaltene Pektin bindet Schadstoffe im Darm und soll cholesterinsenkende Eigenschaften haben. Außerdem liefern Äpfel viele Vitamine und Mineralien und haben dabei wenige Kalorien. Sie fördern den Speichelfluss und die Verdauung. Bedenken sollte man, dass sich rund 70 Prozent der Vitamine in der Apfelschale oder direkt darunter befinden.

Verwendung: Wer Äpfel schält, vernichtet wertvolle Bestandteile, darunter auch Vitamin C, Eisen, Magnesium, ungesättigte Fette und bioaktive Substanzen. Die Inhaltsstoffe sind nicht bei allen Sorten gleich, so enthält der Braeburn 24 mg Vitamin C pro 100 g, der Red Delicius 18 mg, der Elstar 7,5 mg und der Gala 4 mg.

Eier

Jahrelang wurde vom Verzehr von Hühnereiern abgeraten mit der Begründung, das darin enthaltene Cholesterin erhöhe die Cholesterinwerte im Blut des Menschen und begünstige damit Gefäß- und Herzerkrankungen. Das wurde jetzt nach neuen Erkenntnissen aus einer Studie widerrufen. Gesättigte Fette sind die Verursacher der hohen Cholesterinwerte, davon sind im Ei nur sehr wenige enthalten.

Das Eigelb ist das Wertvolle am Ei, es enthält viele Vitamine, Omega-3-Fettsäuren und die Mineralstoffe Calcium, Phosphor, Eisen, Natrium, Zink, Kalium sowie Selen und Lecithin. Die Qualität eines Eies ist abhängig von der Hühnerhaltung. Können sie sich draußen frei bewegen und fressen neben Getreide auch frische Pflanzen, Insekten und Würmer, enthalten sie mehr gesunde Inhaltsstoffe.

Verwendung: Gegen den Verzehr von drei bis vier Eiern pro Woche durch einen Erwachsenen ist generell nichts einzuwenden. Hildegard von Bingen empfahl übrigens Wachteleier als Stärkungsmittel.

Feldsalat

Feldsalat ist die beste pflanzliche Jodquelle mit einem Gehalt von 62 mg Jod pro 100 g. Er hat fast doppelt so viel Vitamin C wie Kopfsalat und fördert somit die Bildung von Abwehrkräften. Unter anderem sind die Vitamine B6 und E enthalten und sehr viel Provitamin A.

Verwendung: Feldsalat gut waschen und putzen, dann nach Geschmack mit Pflanzenöl, Zitrone, Pfeffer und Salz (eventuell einer Prise Rohrohrzucker oder etwas Honig) anmachen.

Fenchel

Es gibt unterschiedliche Sorten: Gemüsefenchel, auch Knollen- oder Zwiebelfenchel genannt, Gewürzfenchel oder Süßfenchel und Wilden Fenchel oder Bitterfenchel. Hildegard von Bingen empfahl den Fenchel in jeder Form, er mache den Menschen fröhlich, vermittle eine angenehme Wärme und eine gute Verdauung, er kann auch roh gegessen werden.

Verwendung: Alle drei Teile des Fenchels werden genutzt: Die Knolle kann als Gemüse gegessen werden, Wurzeln und die samenähnlichen Früchte werden in der Naturheilkunde als Tee gegen Blähungen (besonders bei Babys und Kleinkindern) und bei Husten genutzt. Fenchel ist auch Bestandteil vieler Milchbildungstees bei stillenden Müttern. Das Kauen von frischen Fenchelkörnern vermeide Mundgeruch und wirke vorbeugend gegen Erkältungskrankheiten, schrieb Hildegard von Bingen. Gegen Augenkrankheiten und Bindehautentzündung tränkte sie einen Wattebausch mit frischem Fenchelsaft und legte ihn auf die Augenlider.

Kaltgepresste Öle und Butter

Kaltgepresste Öle sind Lieferanten fettlöslicher Vitamine (wie Vitamin E) sowie ungesättigter Fettsäuren. Zu den wertvollen Fetten gehört auch die Butter als schmackhaftes Streichfett. Wir benötigen in unserer Nahrung unbedingt pflanzliche Fette und Öle, diese sind für den Körper lebensnotwendig. Wenn vor zu viel Fett gewarnt wird, handelt es sich dabei hauptsächlich um tierische Fette und gesättigte Fettsäuren.

Verwendung: Kaltgepresste Öle nicht über 180 Grad erhitzen, ansonsten entstehen schädliche, giftige Verbindungen. Raffinierte Öle lassen sich höher erhitzen, bei der Raffination gehen jedoch viele Vitamine, Aroma- und Farbstoffe verloren.

Kichererbsen

Hildegard von Bingen lobte die gute Bekömmlichkeit der Kichererbsen und ihre fiebersenkende Wirkung.

Verwendung: Roh dürfen Kichererbsen (korrekt wäre eigentlich »Kichererbsensamen«) nicht gegessen werden, das Einweichwasser wird nicht zum Kochen verwendet. Hildegard von Bingen kochte die Kichererbsen und servierte sie als Püree.

Knoblauch

Den mäßigen Genuss von Knoblauch empfahl Hildegard von Bingen zur allgemeinen Vorbeugung und bei Bronchitis, Magen- und Darmbeschwerden (auch bei Blähungen und Verstopfung) sowie Augenbeschwerden. Sie warnte allerdings davor ihn Kindern zu geben. Der enthaltene Wirkstoff Allicin wirkt antibakteriell und gegen Pilze. Darüber hinaus soll er auch helfen die Blutfettwerte zu senken und die Fließfähigkeit des Blutes zu erhöhen. Knoblauch sollte übrigens roh gegessen werden, empfahl die Klosterfrau, gekocht gleiche er einem verdorbenen Wein.

Verwendung: Die gesundheitsfördernden Inhaltsstoffe befinden sich im öligen und im wässrigen Bestandteil der Zehen. Getrocknete Präparate, die im Handel angeboten werden, können nicht die gleiche Wirksamkeit entfalten wie frischer Knoblauch. Er gibt fast allen deftigen Speisen eine zusätzliche Würze, er eignet sich für Fleisch- und Fischgerichte, Gemüsegerichte, Suppen und Soßen.

Lein

Lein oder Flachs ist eine der ältesten Kulturpflanzen und wurde schon in der Jungsteinzeit wegen der Fasern (Leinen zum Weben) und des Öls angebaut. Letzteres hat einen besonders hohen Gehalt an Omega-3-Fettsäuren und an mehrfach ungesättigten Fettsäuren. Omega 3 wirkt positiv auf Herz und Gefäße und hemmt entzündliche Prozesse. Das Leinöl gilt auch als Unterstützer des hormonellen Systems. Hildegard von Bingen bereitete aus Leinsamen Umschläge gegen Verbrennungen, Gürtelrose und Furunkel.

Verwendung: Leinöl wird hauptsächlich mit Pellkartoffeln und Quark gegessen. Es erlebt zurzeit eine sehr starke Wiederbelebung. Leinöl sollte immer nur frisch gepresst gekauft und maßvoll verwendet werden.

Linsen

Linsen gehören zu den Hülsenfrüchten und sind für alle Vegetarier ein Muss, denn sie liefern hochwertiges pflanzliches Eiweiß, viele Mineralien (Zink, Magnesium, Eisen, Calcium, Kalium, Natrium), Vitamin A und mehrere B-Vitamine. Es gibt viele unterschiedliche Sorten: braune Tellerlinsen (geschält oder ungeschält), Rote Linsen, Berglinsen, schwarze Beluga-Linsen, grüne Puy-Linsen (auch französische Linsen genannt) und Gelbe Linsen.

Verwendung: Ungeschälte Linsen kann man auch keimen lassen (gut aufpassen, dass nichts schimmelt), dadurch sollen sich die Nährstoffe noch besser aufschließen lassen, die B-Vitamine vervielfachen sich und es bildet sich beim Keimvorgang Vitamin C. Linsen sollten nicht roh gegessen werden, denn die Lektine und andere unbekömmliche oder sogar schädliche Inhaltsstoffe werden erst durch das Kochen neutralisiert. Auch der Einweichvorgang reduziert die unbekömmlichen Inhaltsstoffe.

Paprika

Gemüsepaprika gibt es in vielen Farben und Formen, am bekanntesten sind bei uns die gelben, roten und grünen Varianten. Paprika enthält viel Vitamin C (ca. 140 mg auf 100 g), wobei die roten am meisten davon haben. Sie enthalten außerdem viele Flavonoide und Carotine sowie durchschnittlich (pro 100 g) 290 mg Kalium, 20 mg Magnesium, 15 mg Calcium und 5 mg Tocopherol.

Verwendung: Besonders in den Wintermonaten ist die Paprika ein zuverlässiger Lieferant von Vitamin C. Da das wasserlösliche Vitamin C temperaturempfindlich ist, sollte Paprika nicht zu lange gelagert und schonend zubereitet werden. Paprikapulver (rosenscharf oder edelsüß) wird für viele Gerichte aus der mediterranen Küche verwendet, es gibt auch Fleischgerichten, Soßen und Suppen eine besondere Gewürznote. Durch heißes Bratfett wird es bitter, deshalb erst nach dem Anbraten und Ablöschen in die Speisen geben.

Rohrzucker

Der Rohrzucker wird aus dem Zuckerrohr gewonnen und nicht aus der Zuckerrübe wie der gängige Kristallzucker. Er schmeckt mild, die Süßkraft ist etwas stärker als beim Kristallzucker. Jede Zuckerart verbraucht bei Umwandlungsprozessen im Körper Kalzium und Vitamin B1. Die Muskel- und Gehirnzellen benötigen den Einfachzucker Glukose als Energiequelle, deshalb muss jede Zuckerart (Zwei- oder Vielfachzucker) in Einfachzucker umgewandelt werden, um für den Körper verfügbar zu sein. Einfachzucker befinden sich als Glucose (Traubenzucker) und Fructose (Fruchtzucker) in Obst und Honig. Rohr-, Milch- oder Malzzucker sind Zweifachzucker; Stärke und Glycogen (tierische Stärke oder Leberstärke) sind Vielfachzucker. Alles, was an Einfachzucker vom Körper nicht benötigt wird, wird in Fett umgewandelt und abgelagert.

Verwendung: Zucker sparsam verwenden und auf gute Kalziumlieferanten in der Nahrung achten, diese sind laut Hildegard von Bingen vor allem Dinkel, Bohnen, Kichererbsen, Mandeln, Brombeeren, Himbeeren und Orangen.

Rote Bete

Rote Bete oder rote Rüben wurden in früheren Zeiten als Naturfärbemittel eingesetzt. Auch in Lebensmitteln findet man den Saft, der als E 162 deklariert ist. Bei uns gelten die Roten Bete als blutbildend und werden wegen des hohen Gehalts an B-Vitaminen, Kalium, Eisen und Folsäure geschätzt. Wer zur Bildung von

Nierensteinen (Calcium-Oxalat-Steine) neigt, sollte Rote Bete nur in Maßen essen, weil sie Oxalsäure enthalten. Nach dem Verzehr größerer Mengen, können sich Urin und Stuhl rötlich färben, was aber völlig harmlos ist.

Verwendung: Rote Bete sind charakteristischer Bestandteil von Labskaus und Borschtsch, außerdem werden sie gekocht als Salate oder Beilage serviert. Bitte beachten: Das gespeicherte Nitrat kann sich bei zu langer Aufbewahrung oder Lagerung im Warmen in schädliches Nitrit umwandeln. Vitamin C hemmt die Nitritbildung, deshalb sollte man das Gemüse mit Zitronensaft abschmecken.

Spargel

Das Verzehren von Spargel wurde schon in China vor rund 5000 Jahren gegen Husten, Blasenprobleme, Gelbsucht und Geschwüre verordnet, er galt als harntreibend und abführend. Durch die gesteigerte Harnausscheidung, ausgelöst durch die Asparaginsäure und den hohen Kalium-Gehalt, können Gift- und Schlackenstoffe aus dem Körper entfernt werden. Nicht empfohlen wird Spargelgenuss für alle, die zu Nierensteinen und erhöhten Harnsäurewerten neigen. Zu den Hauptinhaltsstoffen gehören außer Kalium (210 mg pro 100 g frischer Spargel) auch Natrium, Calcium, Magnesium, Phosphor, Eisen sowie die Vitamine A, B1, B2, B6, Niacin, C und E.

Verwendung: Grüner Spargel hat mehr Vitamine als der weiße. Die gebräuchlichste Zubereitungsart ist Dünsten mit etwas Salz, Zitrone und Butter.

Spinat

Auch wenn Spinat nicht den hohen Eisengehalt hat, den man ihm aufgrund eines Rechenfehlers andichtete, ist er doch ein wertvolles Gemüse. Für Kinder ist Spinat aufgrund der darin enthaltenen Pflanzensäuren nicht in jedem Fall zuträglich, sie können mitunter allergische Reaktionen hervorrufen. Im Mittelalter galt Spinat hauptsächlich als Heilmittel gegen Verdauungsstörungen und verdrängte die damals übliche Gartenmelde. Das Blattgemüse hat viel Magnesium und Vitamin B1 und wird deshalb auch als »Anti-Stress-Gemüse« bezeichnet. Weitere Inhaltsstoffe sind unter anderem Folsäure (Vitamin B 4), Vitamin A, Betakarotin,

Karotinoide (gut für die Augen), Kalium und Calcium. Durchschnittlich 3,5 mg Eisen sind in 100 Gramm frischem Spinat enthalten, zum Vergleich: Kalium 450 mg, Calcium 130 mg, Vitamin C 40 bis 150 mg.

Verwendung: Kaufen Sie Spinat möglichst aus biologischem Anbau, denn er hat die Eigenschaft überdurchschnittlich viel Nitrat aus dem Boden anzureichern, besonders wenn er aus dem Gewächshaus stammt. Durch Blanchieren geht ein Teil der Nitrate verloren. Er passt, kurz gedünstet, am besten zu Kartoffeln und Spiegelei.

Steckrübe

Am Geschmack der Steckrübe, auch Wruke, Kohlrübe oder Erdkohlrabi genannt, scheiden sich die Geister – manche Leute mögen sie, andere lehnen sie als »Arme-Leute-Essen« ab. Tatsächlich waren Steckrüben in zwei Kriegen Retter in der Not. Sie wurden als Basis für ganz unterschiedliche Gerichte verwendet. Die Steckrüben sind kalorienarm, sie enthalten Traubenzucker, Eiweiß, Fett, schwefelhaltige ätherische Öle, Mineralstoffe, Carotin, Provitamin A und die Vitamine B1, B2, C sowie Nicotinsäureamid.

Verwendung: Aus Steckrüben wurde in Notzeiten von Marmelade bis Ersatz-Kaffee vieles hergestellt, das die fehlenden Lebensmittel ersetzte. Die gebräuchlichste Verwendungsart ist als Suppe oder Gemüsebeilage.

Zitrone

Zitronensaft und die abgeriebene Schale der Zitrone werden gerne als aromatisierende Zutat in der Küche verwendet. Die Zitrone enthält Vitamin C (ca. 51 mg pro 100 g), Kalium (149 mg), Calcium (11 mg), Magnesium (28 mg) und Phosphor (20 mg).

Als Vitamin-C-Lieferant wurde die Zitrone lange überschätzt. Tatsächlich haben viele unserer heimischen Früchte und Gemüsesorten mehr davon, wie die Hagebutte (1250 mg), die Sanddornbeere (200 bis 800 mg), die schwarzen Johannisbeeren (177 mg), Paprika (140 mg), Brokkoli (115 mg), Rosenkohl (112 mg), Grünkohl (105 mg) und Erdbeeren (64 mg).

Verwendung: Kaufen Sie nur unbehandelte Früchte, deren Schale zum Verzehr geeignet ist. Der wachsartige Bezug, der die Früchte auf dem Transport schützen soll, enthält Konservierungsmittel wie Biphenyl (E230) oder Thiabendazol (E233), die sicher niemand in seinem Essen haben möchte. Zitrone bewahrt die Farbe der Speisen und wirkt wie ein natürlicher Geschmacksverstärker.

Zucchini

Zucchini, eine Züchtung aus dem Gartenkürbis, hat Hildegard von Bingen noch nicht gekannt, sie verbreiteten sich erst Ende des 17. Jahrhunderts von Italien aus nach Europa. Sicherlich wäre die als Universalgenie ihrer Zeit geltende Klosterfrau jedoch hellauf begeistert gewesen von den vielfältigen Verwendungsmöglichkeiten der Zucchini. Diese passen mit ihrem relativ neutralen Geschmack zu vielen Speisen und weisen durch ihren hohen Wasseranteil nur wenig Kalorien auf. Darüber hinaus sind sie, wie andere Kürbissorten auch, äußerst vitaminreich und leicht verdaulich. Zu den wichtigsten Inhaltsstoffen gehören Kalium, Calcium, Phosphor, Natrium, Eisen, Vitamine A und C.

Verwendung: Zucchini vertragen sich sehr gut mit Knoblauch, Zwiebeln, Tomaten und Paprika. Man kann sie dünsten oder kochen.

Zwiebel

Hildegard von Bingen empfahl Zwiebeln für fast alle Mahlzeiten, allerdings in gekochter Form und nicht roh. Sie seien gut gegen Schüttelfrost, Fieber, Rheuma und Gicht, schrieb sie. Magenkranke sollten erst einmal mit einer Zwiebelsuppe testen, ob sie sie vertragen. Es gibt diverse Hausmittel, in denen Zwiebeln verwendet werden, vor allem bei Husten, Grippe, Halsentzündung, zur Darmsanierung und gegen Appetitlosigkeit. Die Zwiebel enthält neben ätherischen Ölen, Vitaminen und Mineralien auch die Schwefelverbindung Propanthialoxid, den Stoff, der für die Tränen beim Zwiebelschneiden verantwortlich ist. Wer ein scharfes Messer benutzt, setzt beim Schneiden weniger Propanthialoxid frei.

Verwendung: Zwiebeln passen zu fast allen Gemüsegerichten, und geben Fleisch- und Fischgerichten, Suppen und Soßen ein gutes Aroma. Zwiebelumschläge gegen Ohrenschmerzen werden aus einer gewürfelten Zwiebel, die in einem Leinensäckchen über Dampf erwärmt wird, angefertigt. Das Zwiebelsäckchen ca. eine Stunde auf das Ohr legen.

Kräuter & Gewürze

Hildegard von Bingen empfiehlt eine Reihe von Kräutern, die heute weitgehend in Vergessenheit geraten sind. Für sie waren Kräuter und Gewürze in erster Linie Heilmittel, die auch der Prophylaxe (Vorbeugung) dienten. Bis auf wenige Ausnahmen verlieren Blätter beim Trockenvorgang viele ätherische Öle, sodass sie frisch wirksamer sind. Bestes Beispiel ist hier der Liebstöckel (Maggikraut), der frisch viel Aroma in die Speisen bringt, getrocknet aber kaum zu schmecken ist. Kräuter und Gewürze sollten immer nach dem eigenen, individuellen Geschmack angewendet werden. Bei einigen empfiehlt sich eine geringe Anfangsdosis, weil der Eigengeschmack sehr stark und gewöhnungsbedürftig ist, wie bei Bertram, Beifuß oder Galgant. Hier einige von Hildegard von Bingen in ihren Büchern empfohlene Kräuter und Gewürze:

Basilikum

Verwendet werden die Blätter, frisch oder getrocknet, hilfreich bei Fieber, Schlaganfall (unter die Zunge schieben) und Zungenlähmung.
Anwendung: Sieben bis acht zerkleinerte Blätter pro Mahlzeit verwenden, sie sind sehr aromatisch in Nudel- und Gemüsegerichten, Suppen, Salaten, Soßen, auf der Pizza und im Pesto. Basilikum verträgt sich besonders gut mit Tomaten.

Beifuß

Hilfreich bei Magen- und Darmerkrankungen, bei Sodbrennen, Krampfadern und Hämorrhoiden.
Anwendung: Die getrockneten Blätter werden klein geschnitten oder als Pulver genutzt, ein bis zwei Messerspitzen pro Speise. Beifuß sorgt für die gute Fettverdauung bei Geflügelgerichten (z. B. Gänse- und Entenbraten), Fleisch- und Fischgerichten.

Bertram

Bei allgemeinen Verdauungsstörungen und zur Darmentgiftung, bei Anämie, Diabetes sowie zur Stärkung der Sehkraft.

Anwendung: Man verwendet ein bis drei Messerspitzen Bertrampulver (aus der getrockneten Wurzel) pro Mahlzeit in Suppen, Soßen, Gemüsegerichten sowie zu Fleisch und Fisch. Am Anfang ist Bertram wegen seines leicht dumpfen Geschmacks etwas gewöhnungsbedürftig, deshalb zunächst mit kleinen Mengen anfangen! Dafür ist er jedoch ein zuverlässiger Helfer bei der Entgiftung des Darmes und sollte deshalb laut Hildegard von Bingen in jedem Essen mitgekocht oder darübergestreut werden.

Bohnenkraut

Bei Zittern der Hände und Beine (Parkinson), Gicht und Rheuma.

Anwendung: Frisch: ein bis zwei Zweiglein mitkochen und später wieder herausnehmen; getrocknet und gerebelt: ¼ TL Blätter pro Mahlzeit mitkochen, passt zu Hülsenfrüchten (besonders zu grünen Bohnen), Gemüsesuppen, eventuell auch zum Fleisch oder Fisch und Dinkelbratlingen.

Brennnessel

Bei Stoffwechselstörungen und Gastritis, als Blutreinigungskur im Frühling.

Anwendung: Verwendet werden die jungen Triebe und Blätter, frisch, getrocknet oder als Pulver im Kräutertee. Junge Blätter können im Frühjahr als Gemüse genossen werden, dazu werden sie klein geschnitten und mit Öl und etwas Salz in der Pfanne gedünstet, dazu passen Dinkelnudeln oder Pellkartoffeln.

Brunnenkresse

Bei Verdauungsstörungen, Darmentzündung und Diabetes.

Anwendung: Die Blätter können mit etwas Butter in der Pfanne angedünstet und wie Spinat gegessen werden.

Dill

Hildegard von Bingen empfiehlt Dill (Spitzen) nicht roh zu essen. Gekocht ist er sehr wirksam gegen Rheuma. Natürlich schmeckt frischer Dill in Gurkensalat richtig gut, wer jedoch unter Rheuma leidet, sollte den Dill lieber gekocht oder gedünstet essen.

Anwendung: Als Gewürz beim Einlegen von Gurken, in grüner Soße, zu gedünstetem oder gekochtem Fisch, ein bis zwei TL klein geschnittene Dillspitzen pro Mahlzeit.

Galgant

Bei Herzschwäche und Herzschmerzen, nach einem Herzinfarkt, bei Magen- und Darmkrämpfen, wirkt krampflösend, durchblutungs- und verdauungsfördernd sowie gegen Erschöpfungs- und Schwächezustände.

Anwendung: Verwendet wird die getrocknete Wurzel in Pulverform, eine halbe bis eine Messerspitze pro Mahlzeit, in Suppen, Soßen, Gemüsegerichten, zu Nudeln, im Salat und zu Fleisch und Fisch. Köstlich übrigens auch in süßen Apfel- und Birnengerichten. Am Anfang sollten Sie Galgant allerdings nur gering dosieren, weil das Gewürz sehr scharf schmeckt.

Gewürznelken

Bei Gicht, Übersäuerung, Arteriosklerose und Bluthochdruck.

Anwendung: Ein bis drei ganze Nelken oder eine Messerspitze Nelkenpulver, passen besonders zu Süßspeisen und zu Kuchen und Keksen. Gewürznelken sind gemeinsam mit Zimt und Muskat Bestandteil der »Hildegard-Nervenkekse«. Wegen der verdauungsfördernden Wirkung der Gewürznelken sind sie Bestandteil vieler Magenbitter und Magen-Darm-Tees.

Ingwer

Bei Hautflechten nur zur äußerlichen Anwendung. Ansonsten nur bei Untergewicht und Appetitlosigkeit ratsam.

Anwendung: Hildegard von Bingen warnt gesunde Menschen vor der Verwendung des Ingwer-Wurzelpulvers, es könnte Übergewicht begünstigen.

Krauseminze

Bei Gicht und Verdauungsschwäche.

Anwendung: Frische, junge Blätter klein schneiden, einen halben bis einen Teelöffel pro Mahlzeit, passt in Suppen, zum Salat, in Eierspeisen und zu Lamm- oder Wildgerichten. Die Blätter können frisch oder getrocknet als Tee aufgegossen werden, er wirkt verdauungsfördernd. Die Minze ist Bestandteil vieler Tee-Mischungen.

Kurkuma (Gelbwurz)

Antioxidativ und antibakteriell, Stoffwechsel anregend und Leber- und Gallenpflege.

Anwendung: Kurkuma sollte nicht über einen längeren Zeitpunkt angewendet werden, da es zu Magenbeschwerden führen kann. Deshalb sollten Sie das Gewürz bitte nur in kleinen Mengen verwenden, zum Beispiel in Eintöpfen und Gemüsesuppen.

Liebstöckel (Maggikraut)

Bei Menstruationsbeschwerden, wirkt entkrampfend und fördert die Verdauung.

Anwendung: Frisch oder getrocknet passt sich der Liebstöckel fast allen Gerichten an und gibt ihnen eine fein-würzige Note. Verwendet werden die zarten Blätter und Stängel, als Gewürz für Gebäck auch die Samen.

Lorbeer

Bei Magenproblemen.
Anwendung: Getrocknete Blätter werden beim Herstellen von Marinaden verwendet, zum Mitkochen in Suppen und Gemüseeintöpfen, zum Fisch und Fleisch. Sie gehören zum „Bouquet garni" in der französischen Küche, einem Kräutersträußchen aus Petersilie und Thymian zum Würzen von Saucen und Suppen.

Muskatnuss

Aufmunterndes Nervenmittel, zur Blutreinigung, gegen Erschöpfung, Konzentrationsschwäche und Trägheit, wirkt entzündungshemmend.
Anwendung: Geriebene Muskatnuss wird in Soßen, Gebäck und Süßspeisen verwendet – jedoch nur in geringen Mengen. Der Grund: Überdosierungen von mehr als fünf Gramm können zu Halluzinationen, Rauschzuständen und Vergiftungserscheinungen führen.

Mohn

Juckreiz, Neurodermitis und Schlafstörungen.
Anwendung: Die gemahlenen Samen werden im oder auf dem Gebäck (Mohnkuchen, Mohnbrötchen) und in Apfel- und Birnensüßspeisen verwendet. Mohnöl wird heute nur noch sehr selten hergestellt.

Mutterkümmel (Kreuzkümmel)

Bei Lebensmittelunverträglichkeiten, Allergien, Blähungen und Verdauungsstörungen.
Anwendung: Ein bis zwei Messerspitzen Kümmelpulver pro Mahlzeit, besonders gut in allen Kohlgerichten, in Bratkartoffeln, zum Quark und über Käse gestreut.

Oregano (Bergmajoran)

Fördert die Verdauung.

Anwendung: Sehr lecker zum Gemüse, zu Nudeln mit Tomaten, zur Pizza und zu Kartoffelgerichten.

Pfeffer

Hilfreich bei Appetitlosigkeit und Magersucht.

Anwendung: Gemahlenes Pulver oder als ganze Pfefferkörner frisch oder getrocknet, passt zu allen Speisen die etwas schärfer gewürzt sein sollen.

Petersilie (glatt oder kraus)

Bei Herz- und Milzleiden.

Anwendung: Blätter und junge Stängel, frisch oder getrocknet, jeweils ein bis zwei Esslöffel pro Mahlzeit, verwendbar in Salaten, Suppen, Gemüsen, zu Fleisch, Fisch, Quark- und Eierspeisen. Hildegard von Bingen kochte einen »Herzwein« aus Petersilie, etwas Honig, Weinessig und Kabinettwein. Sollte er stärker wirken, wurde eine Petersilienwurzel mitgekocht.

Quendel (Feld-Thymian)

Bei Hauterkrankungen, Akne und Darmstörungen, wirkt blutreinigend.

Anwendung: Ein Teelöffel frische Blätter, klein geschnitten, pro Mahlzeit oder ein bis zwei Messerspitzen getrockneter Quendel in Suppen, Gemüsegerichten, zu Nudeln, Fleisch und Fisch. Bei schweren Gerichten erleichtert das Gewürz die Verdauung und sorgt mit seinem würzigen Aroma für einen mediterranen Geschmack.

Salbei

Bei Magen- und Darmproblemen, Magengeschwüren, Hauterkrankungen, Mundgeruch, Leber- und Gallenleiden.

Anwendung: Als Tee: Einen Teelöffel getrocknete Salbeiblätter in einem Liter Wasser aufkochen und kurz ziehen lassen. Die Blätter passen roh oder gekocht zu Hammel, Fisch, Geflügel, in Suppen und Soßen.

Schafgarbe

Hilfreich bei Magenbeschwerden und Krämpfen im Unterleib (Menstruationsbeschwerden).

Anwendung: Schafgarbentee wird aus den Blütenständen aufgebrüht (frisch oder getrocknet). Im Frühjahr können auch die frisch ausgetriebenen Blättchen genutzt werden, die wegen ihres hohen Magnesiumgehalts auch gegen Wadenkrämpfe wirken sollen.

Ysop

Gut für Leber und Lunge, zur Blutreinigung und gegen Traurigkeit.

Anwendung: Ein halber bis ein Teelöffel frische Blättchen geschnitten oder eine halbe bis eine Messerspitze Pulver pro Mahlzeit in Suppen, Soßen, Gemüsegerichten, Quark, Fleisch und Fisch.

Zimt

Stoffwechsel- und Hormonstörungen.

Anwendung: Verwendet wird die pulverisierte Rinde oder Zimtstangen besonders in Süßspeisen wie Grießbrei, Apfelmus, Pfannkuchen, Kekse und Gebäck sowie im Glühwein. Studien zufolge soll das Gewürz, das einst wertvoller als Gold war, den Blutzuckerspiegel regulieren und sogar ganz konkret gegen die Alzheimer Krankheit vorgehen können.

8

Acht Wochenpläne

für den abwechslungsreichen Speiseplan

Einfach
Genießen
& Wohlfühlen

Rezepte – Übersicht

Woche 1

Tag 1	Gelbe Rübchensuppe
Tag 2	Dinkelpfannkuchen mit Quark und heißen Kirschen
Tag 3	Dinkelspirelli mit Hackfleischsoße und Gemüse
Tag 4	Bratkartoffeln mit Spiegelei und Kopfsalat
Tag 5	Fischfilet mit Kartoffelgemüse
Tag 6	Gemüsepfanne mit Dinkelnudeln
Tag 7	Rindersteak mit Knoblauchbutter und Folienkartoffeln

Woche 2

Tag 1	Dinkelspaghetti mit Pilzen
Tag 2	Kartoffel-Zucchini-Auflauf
Tag 3	Kalbsleber mit Kartoffelbrei
Tag 4	Pellkartoffeln mit Paprikaquark und Leinöl
Tag 5	Meeresfrüchte mit großem gemischten Salat
Tag 6	Kartoffelpuffer mit Apfelmus
Tag 7	Rindergulasch mit Salzkartoffeln und Salat

Woche 3

Tag 1	Kartoffel-Linsensuppe
Tag 2	Gemüsepfanne mit Thunfisch
Tag 3	Spaghetti mit Austernpilzen
Tag 4	Rahmspinat mit Spiegelei und Kartoffeln
Tag 5	Lachs mit Dinkelnudeln und Brokkoli
Tag 6	Panierter Schafskäse mit großem gemischten Salat
Tag 7	Hähnchen-Minutensteaks, Kohlrabigemüse und Kartoffeln

Woche 4

Tag 1	Schnelle Gemüsesuppe
Tag 2	Frischer Stangenspargel mit Rührei und Salzkartoffeln
Tag 3	Putenschnitzel und Kartoffelsalat
Tag 4	Gurkengemüse, Salzkartoffeln und Schafskäse
Tag 5	Frische Meeresfrüchte mit Gemüse und Dinkelnudeln
Tag 6	Schnelle Paprikapfanne
Tag 7	Rindergulasch-Gemüse mit Dinkelnudeln

Woche 5

Tag 1	Kartoffelcremesuppe mit geräuchertem Lachs
Tag 2	Dinkelpfannkuchen mit Äpfeln
Tag 3	Rindfleischsuppe mit Dinkelnudeln
Tag 4	Bunter Gemüseauflauf
Tag 5	Paniertes Zanderfilet mit Reis und Karottengemüse
Tag 6	Dinkelnudeln mit Zucchini
Tag 7	Hähnchenschenkel mit Wirsinggemüse

Rezepte – Übersicht

Woche 6

Tag 1	Bunte Erbsensuppe
Tag 2	Ratatouille mit Basmati-Reis
Tag 3	Gebratene Hähnchenschenkel in Zwiebel-Maronigemüse
Tag 4	Schafskäse mit Fenchel-Kartoffel-Gemüse
Tag 5	Dinkelnudeln mit Paprika und gedünstetem Lachs
Tag 6	Eieromelette mit Kartoffeln und Pilzen
Tag 7	Putenfilet gedünstet, mit Bratkartoffeln und gelben Rübchen

Woche 7

Tag 1	Kürbiscremesuppe
Tag 2	Dinkelgrieß mit heißen Himbeeren
Tag 3	Sauerkraut mit Kartoffelbrei und Bratwurst
Tag 4	Buntes Paprikagemüse
Tag 5	Paniertes Fischfilet mit Kartoffelsalat
Tag 6	Dinkelspaghetti mit Tomatensoße
Tag 7	Tafelspitz mit Meerrettichsoße mit Dinkelnudeln

Woche 8

Tag 1	Bohnensuppe mit Dinkelkörnchen
Tag 2	Dinkelpfannkuchen mit Pilzen
Tag 3	Pellkartoffeln mit Kräuterquark
Tag 4	Wirsinggemüse mit Spiegelei und Kartoffeln
Tag 5	Zanderfilet in Folie mit Dinkelnudeln und Gurkensalat
Tag 6	Dinkelpizza mit Thunfisch und Gemüse
Tag 7	Putengeschnetzeltes mit Kartoffeln

So gelingt's!

In der leichten, basischen Küche werden Gemüse und Früchte der Saison verwendet. Sie sollten auch möglichst aus der Region stammen und nicht tausende von Kilometern hinter sich haben, bevor sie zubereitet werden – das schont die Umwelt und die Inhaltsstoffe.

Gemüse- und Obstsorten, die noch sehr unreif geerntet werden, damit sie den Transportweg überstehen, um zum richtigen Zeitpunkt verkaufsfähig zu sein, sollte man nur in Ausnahmefällen auf den Tisch bringen. Ich habe acht Wochenpläne zusammengestellt, die Sie nach Lust, Laune und Angebot variieren können. Verwenden Sie passende Kräuter und Gewürze, sie werten die Speisen auf und unterstützen den Eigengeschmack der Zutaten!

Alle Rezepte sind für eine vierköpfige Familie gedacht.

Abkürzungen

EL	Esslöffel
TL	Teelöffel
Msp	Messerspitze
g	Gramm
kg	Kilogramm
l	Liter
ml	Milliliter
Pckg	Packung

Hinweis

Gelbe

Rübchensuppe

Woche 1
Montag

Zutaten

1,5 – 2 l Wasser
1 kg gelbe Rüben
300 g mehlige Kartoffeln
150 g Pastinake
50 g Zwiebeln
40 g geröstetes Dinkelmehl
200 ml Bio-Sahne
½ TL frischer Zitronensaft
1 Msp Kurkuma
nach Geschmack Gemüsebrühe
Kräutersalz

Zubereitung

1. Das Gemüse waschen, putzen und würfeln. In einen passenden Topf geben und mit ca. 1,5 bis 2 l Wasser, dem Salz, dem Zitronensaft und der Gemüsebrühe auffüllen. Ca. 20 Minuten weich kochen lassen.

2. Das Dinkelmehl in der Sahne auflösen und in der Rübchensuppe nochmals kurz aufkochen. Für einen feineren Geschmack, kann die Rübchensuppe auch püriert werden.

Verfeinern

mit gehackter Petersilie

Kurkuma

Kurkuma, auch Gelbwurz genannt, gehört zu den Ingwergewächsen. Die Inder schätzen das Pulver als reinigend und energiespendend. Allgemein gilt der Wirkstoff Curcumin als entzündungshemmend, er soll die Magensaft- und die Gallensäureproduktion anregen.

Dinkelpfannkuchen

mit Quark und heißen Kirschen

Woche 1
Dienstag

Zutaten

Pfannkuchen
200 g frisches oder geröstetes Dinkelmehl
200 ml Milch
200 ml Wasser mit Kohlensäure
3 Eier
1 Prise Salz
20 g Rohrzucker
Bio-Öl Ihrer Wahl

Füllung
500 g Bio-Quark (40 %)
20 g Rohrzucker
1 TL frischer Zitronensaft
1 TL Bio-Puderzucker
1 Glas Kirschen (650 ml)
nach eigenem Geschmack Kirschsaft in den Quark mischen

Zubereitung

1. Die Zutaten für die Pfannkuchen in eine große Schüssel geben und verrühren, 15 Minuten stehen lassen. Pro Pfannkuchen benötigt man 1 EL Öl zum Ausbacken. Öl in einer größeren Pfanne erhitzen und mit der Schöpfkelle den Teig in die Mitte der Pfanne geben. Die Pfanne anheben und mit kreisenden Bewegungen den Teig gleichmäßig auf den Pfannenboden verteilen. Sobald der Rand des Pfannkuchens goldgelb wird, kann er gewendet werden.
2. Die Zutaten für die Quarkfüllung miteinander vermischen und die Pfannkuchen damit füllen. Puderzucker darüberstreuen.

Rohrzucker

Der Rohrzucker wird aus dem Zuckerrohr gewonnen und nicht aus der Zuckerrübe, wie der gängige Kristallzucker.
Er schmeckt mild, die Süßkraft ist etwas stärker als beim Kristallzucker, außerdem behält er seine hellbeige Färbung.

Dinkelspirelli
mit Hackfleischsoße und Gemüse

Woche 1
Mittwoch

Zutaten

Nudeln
300 g Dinkelspirelli
3 EL kalt gepresstes
Olivenöl
Meersalz

Soße
300 g Rinderhackfleisch
Für Vegetarier:
1 Pckg. Sojagranulat
200 g reife Tomaten
100 g Zwiebeln
1 rote, 1 gelbe,
1 grüne Paprika
5 EL kalt gepresstes Olivenöl
1 Msp Oregano
Kräutersalz

Zubereitung

1. Das Gemüse waschen, putzen und würfeln. Das Öl in eine größere Pfanne geben und alle Zutaten für die Soße direkt in das kalte Öl geben und hoch erhitzen. Vorsichtig umrühren und nach ca. 6 Minuten die Temperatur herunterstellen. Alles zusammen weich dünsten.
2. Das Wasser in einen passenden Topf geben und erhitzen. 1 EL Öl, Salz und die Spirelli kommen in das kochende Wasser. Dann ca. 5 bis 7 Minuten weich kochen. Die Nudeln abgießen, kalt abspülen und in eine größere Schale geben. Das restliche Öl in die Nudeln mischen.

Verfeinern

mit Basilikum

Oregano

Die Oreganoblätter werden hauptsächlich in der mediterranen Küche, auf der Pizza und in Tomatengerichten verwendet. Hildegard von Bingen setzte Oregano äußerlich gegen Hautreizungen und Geschwüre ein.

Woche 1
Donnerstag

Bratkartoffeln

mit Spiegelei und Kopfsalat

Zutaten

Bratkartoffeln
1,5 kg Kartoffeln
50 g Zwiebeln
30 g geröstetes Dinkelmehl
4 EL kalt gepresstes Sonnenblumenöl
Kräutersalz

Eier
1 – 2 Eier pro Person
3 EL kalt gepresstes Sonnenblumenöl
Kräutersalz

Salat
1 – 2 Kopfsalate
2 EL frische Kräuter
1 – 2 EL Himbeeressig
4 – 5 EL kalt gepresstes Sonnenblumenöl
Kräutersalz

Zubereitung

1. Die Kartoffeln waschen und ca. 20 Minuten weich kochen. Abkühlen lassen, dann schälen und in Scheiben schneiden. Die Zwiebel enthäuten und würfeln. Beides zusammen mit dem Öl in eine Pfanne geben und erhitzen. Sobald die Kartoffeln heiß werden, den Herd auf mittlere Temperatur stellen und fertig braten. Das Salz zusammen mit dem gerösteten Dinkelmehl über die Kartoffeln streuen und wenden. Dann noch einmal die Temperatur erhöhen und die Kartoffeln leicht anbräunen lassen.
2. Das Öl für die Spiegeleier in eine passende Pfanne geben und die Spiegeleier in das kalte Öl geben. Dann erst die Temperatur einstellen und auf mittlerer Hitze die Eier braten und salzen.
3. Den Salat waschen, putzen und klein schneiden. Mit den anderen Zutaten in eine Salatschüssel geben und mischen.

Eier

Während das Eiweiß von Hühnereiern relativ uninteressant ist, enthält das Eigelb viele Vitamine wie D, B und K, Omega-3-Fettsäuren, das Lipid Cholesterin und die Mineralstoffe Calcium, Phosphor, Eisen, Natrium, Zink, Kalium sowie Selen und Lecithin.

Fischfilet

mit Kartoffelgemüse

Woche 1
Freitag

Zutaten

Fisch
1 Stück
Fischfilet Ihrer Wahl
(pro Portion ca. 200 g)
½ frische Zitrone
4 EL kalt gepresstes Öl
Kräutersalz

Kartoffelgemüse
800 g Kartoffeln
800 g gelbe Rüben
50 g Zwiebeln
40 g geröstetes Dinkelmehl
200 ml Bio-Sahne
Kräutersalz

Zubereitung

1. Die Fischfilets in einer Pfanne von beiden Seiten goldbraun fertig braten. Salzen und mit Zitronensaft beträufeln.

2. Das Gemüse waschen, putzen und würfeln. In einen passenden Topf schichten und knapp mit Wasser bedeckt ca. 20 Minuten weich kochen. Das geröstete Mehl in der Bio-Sahne auflösen und zum Binden in das Gemüse geben. Unter Rühren kurz aufkochen und nach Geschmack würzen.

Verfeinern

mit frischem Dill

Zitrone

Zitronensaft und die abgeriebene Schale der Zitrone werden gerne als aromatisierende Zutat in der Küche und beim Backen verwendet. Die Zitrone enthält Vitamin C (ca. 51 mg pro 100 g), dazu kommen Kalium (149 mg), Calcium (11 mg), Magnesium (28 mg) und Phosphor (20 mg).

Gemüsepfanne
mit Dinkelnudeln

Woche 1
Samstag

Zutaten

Gemüsepfanne
400 g Brokkoli
800 g Fenchel
50 g Zwiebel
1 Tomate
5 EL kalt gepresstes Olivenöl
1 Msp Quendel
1 – 2 Scheiben Schafskäse
Kräutersalz

Nudeln
300 g Dinkelnudeln
3 EL kalt gepresstes Olivenöl
Meersalz

Zubereitung

1. Das Gemüse waschen, putzen und würfeln. Zusammen mit dem Öl in eine größere Pfanne geben und erhitzen. Sobald das Gemüse leicht angebraten ist, den Herd auf mittlere Temperatur stellen und das Gemüse weich dünsten, dann würzen und den Schafskäse darüberbröseln.
2. Wasser mit dem Salz in einem größeren Topf zum Kochen bringen. Die Nudeln ca. 5 bis 7 Minuten darin weich kochen. Abgießen, nochmals kalt abspülen und 1 bis 2 EL Öl in die Nudeln mischen.

Quendel

Die Wirkstoffe des Quendels oder Feld-Thymians sind ähnlich denen des echten Thymians, allerdings etwas milder. Als Gewürz wird Quendel in Fleisch- und Fischgerichten, Suppen und Soßen verwendet. Es gilt auch als wirksam gegen Husten.

Woche 1
Sonntag

Rindersteak

mit Knoblauchbutter und Folienkartoffeln

Zutaten

Rindersteak
1 Rindersteak pro Person
Für Vegetarier: 1–2 Scheiben Schafskäse (paniert mit geröstetem Dinkelmehl)
3 EL Bio-Bratöl Ihrer Wahl
Kräutersalz

Folienkartoffeln
8–10 mehlige, große Kartoffeln
1 EL Butter
Kräutersalz

Knoblauchbutter
150 g Butter
½–1 Knoblauchzehe
1 EL frische Kräuter der Saison
1 Spritzer Zitronensaft
Kräutersalz

Zubereitung

1. Den Backofen auf 200 Grad vorheizen. Die Kartoffeln gründlich waschen und abbürsten. Mit einem Küchentuch abtupfen und einmal der Länge nach ca. 1 cm tief einschneiden und etwas salzen. 8 Alufolien mit Butter bestreichen und je eine Kartoffel fest darin einpacken. Auf dem Rost in die Mitte des Backofens schieben und 50 bis 60 Minuten garen. In der Folie servieren.
2. Die Knoblauchzehen in einer Knoblauchpresse zerkleinern, salzen und mit der Butter, der Zitrone und den Kräutern gut vermengen.
3. Die Rindersteaks in heißem Bio-Bratöl anbraten und nach eigenem Geschmack medium oder auch ganz durchbraten und würzen. Die Knoblauchbutter beim Servieren auf das Steak und/oder auf die Kartoffeln geben.

Verfeinern

mit Pfeffer und gemischtem Salat

Knoblauch

Knoblauch sollte Gemüse-, Fleisch- und Fischgerichten, Suppen und Soßen stets frisch hinzugefügt werden, um alle gesunden Inhaltsstoffe zu erhalten, empfahl Hildegard von Bingen. Für Kinder sei er nicht geeignet, man sollte auch nicht zu viel davon essen, riet sie.

Dinkelspaghetti

mit Pilzen

Woche 2
Montag

Zutaten

Pilzragout
600 g frische Pilze Ihrer Wahl
100 g Zwiebeln
¼ TL Salz
1 Tomate
5–6 EL Bio-Öl
Kräutersalz

Nudeln
300–500 g
Dinkelspaghetti
3 EL Bio-Öl
Meersalz

Zubereitung

1. Die Dinkelnudeln ca. 5 bis 7 Minuten kochen, abgießen und mit kaltem Wasser abspülen. In eine große Schüssel geben und mit Öl und Salz verfeinern und einmal durchrühren.
2. Die Pilze vorsichtig mit einem Küchentuch säubern und in dünne Scheiben schneiden. Die Zwiebeln enthäuten und würfeln. Das Öl in eine passende Pfanne geben und erhitzen. Die Pilze und Zwiebeln in das heiße Öl geben und auf mittlerer Temperatur fertig braten. Die Tomate würfeln und mit etwas Salz und Öl verfeinern.
3. Die Pilze vorsichtig mit den Tomatenwürfeln vermischen und unter die Spaghetti heben. Nach Geschmack mit Kräutersalz nachwürzen.

Verfeinern

mit Knoblauch

Zwiebel

Zwiebeln verwende ich gern in fast allen Speisen, wenn sie dazu passen. So empfahl es auch Hildegard von Bingen, allerdings in gekochter Form. Besonders gut seien gekochte Zwiebeln für Menschen, die an Schüttelfrost, Fieber oder Gicht leiden, schrieb die Klosterfrau auf.

Kartoffel-Zucchini- Auflauf

Woche 2
Dienstag

Zutaten

1 kg Kartoffeln
600 g Zucchini
500 g Tomaten
100 ml Milch
½ TL Salz
4 Eier
40 g geröstetes Dinkelmehl
1 EL Öl
200 g geriebener Käse
Kräutersalz

Zubereitung

1. Die Kartoffeln in der Schale kochen und abpellen. Die Zucchini und die Kartoffeln in Scheiben schneiden, die Tomaten achteln. Eine feuerfeste Auflaufform mit Öl auspinseln und die Zutaten darin gemischt anordnen.

2. Die Milch mit den Eiern, Salz und dem Dinkelmehl verquirlen und über das Gemüse geben. Im vorgeheizten Backofen bei 200 Grad 15 bis 20 Minuten backen, nach 10 Minuten Backzeit das Gemüse mit geriebenem Käse überstreuen und kurz fertig backen.

Verfeinern

mit frischem Knoblauch

Zucchini

Zucchini waren Hildegard von Bingen noch unbekannt. Sie passen sehr gut zu Knoblauch, Tomaten und Paprika. Sie sind kalorienarm, vitaminreich und leicht verdaulich. Zu den Inhaltsstoffen gehören Kalium, Calcium, Phosphor, Natrium, Eisen sowie die Vitamine A und C.

Woche 2
Mittwoch

Kalbsleber

mit Zwiebeln, Äpfeln und Kartoffelbrei

Zutaten

Zwiebelsoße
100 g Zwiebeln
2 Äpfel
4 EL Bio-Bratöl
200 ml Bio-Sahne
20 g geröstetes Dinkelmehl
Kräutersalz

Kartoffelbrei
1,2 kg Kartoffeln
250 ml Milch
50 g Butter
30 g geröstetes Dinkelmehl
Meersalz
1 – 2 Msp Muskat

Leber
1 Scheibe Kalbsleber pro Person
Für Vegetarier: 1 – 2 Scheiben Tofu pro Person
4 EL Bio-Öl
Kräutersalz

Zubereitung

1. Die Kartoffeln waschen, schälen und in Stücke schneiden. Ca. 20 Minuten in reichlich Wasser weich kochen und abgießen. Sofort durch eine Kartoffelpresse geben oder mit dem Kartoffelstampfer zerdrücken. Die Milch und die restlichen Zutaten in die Kartoffeln mischen und bei schwacher Hitze mit dem Schneebesen zu Püree verrühren.
Variation: Wer keine Milch verträgt, kann 150 ml von dem Kartoffelkochwasser mit 100 ml Bio-Sahne mischen.
2. Die Leberscheiben würzen und in einer Pfanne mit heißem Öl von beiden Seiten ca. 2 bis 3 Minuten braten.
3. Die Äpfel waschen und trocknen. Die Zwiebel enthäuten und mit den Äpfeln in Ringe schneiden. Alles zusammen mit dem Öl in eine größere Pfanne geben und kurz hoch erhitzen. Auf mittlerer Flamme unter Wenden weich dünsten. Das Dinkelmehl in der Sahne auflösen und in der Zwiebelsoße kurz aufkochen. Würzen nach Geschmack und alles zusammen servieren.

Muskat

Frisch gerieben schmeckt das Pulver der Muskatnuss am besten. Dafür gibt es kleine Muskatreiben oder -mühlen. Das Gewürz gibt Kartoffelbrei, Blumenkohl und Brokkoli, aber auch verschiedenen Gebäcksorten einen besonderen Geschmack. Die »Muskatblüte« stammt vom Samenmantel.

Pellkartoffeln
mit Paprika-Quark und Leinöl

Woche 2
Donnerstag

Zutaten

1,2 kg Kartoffeln

Paprika-Quark
600 – 750 g Quark (40 %)
20 g geröstetes Dinkelmehl oder
2 EL gekochte Dinkelkörner
1 mittlere, rote Paprika
1 EL gehackte Petersilie
nach Geschmack frisches Leinöl
Kräutersalz

Zubereitung

1. Die Pellkartoffeln 20 Minuten kochen, abpellen und warm stellen.
2. Die Paprika ganz klein hobeln und mit dem Quark und den anderen Zutaten vermischen. Gut würzen und mit den Kartoffeln servieren. Etwas Leinöl neben die Kartoffeln auf den Teller gießen und mit Kräutersalz würzen.

Verfeinern

mit Schnittlauch, Pfeffer und Paprikapulver

Leinöl

Leinöl ist sehr wertvoll, denn es hat mit ca. 76 Prozent eine der höchsten Konzentrationen an mehrfach ungesättigten Fettsäuren bei Ölen, davon sind 15 Prozent Linolsäure (2-fach ungesättigt; Omega 6) und 61,5 Prozent Alpha-Linolensäure (3-fach ungesättigt; Omega 3).

Meeresfrüchte

mit großem gemischten Salat

Woche 2
Freitag

Zutaten

Salat
1 Eisbergsalat
100 g Rucola
4 Tomaten
2 EL gekochte Dinkelkörnchen
2–3 EL Balsamico-Essig, eventuell mit 1 EL warmen Wasser mischen
4–5 EL Bio-Öl Ihrer Wahl
2 EL gehackte Petersilie
Kräutersalz

Meeresfrüchte
600–800 g Meeresfrüchte
40 g geröstetes Dinkelmehl
4 EL kalt gepresstes Olivenöl
Kräutersalz
Bio-Mayonnaise

Zubereitung

1. Die Meeresfrüchte in heißem Öl ausbraten. Mit dem Dinkelmehl bestäuben und nochmals auf beiden Seiten kurz braten und nach Geschmack würzen.
2. Die Zutaten für den Salat klein schneiden, alles miteinander vermischen und gut würzen. Zu den Meeresfrüchten Mayonnaise zum Dippen reichen und mit dem Salat servieren. Dazu passt Dinkeltoast.

Verfeinern

mit frischen Kräutern

Bitterstoffe

Pflanzen, die Bitterstoffe enthalten, wie Rucola, Chicorée oder Schafgarbe wirken basisch und beeinflussen positiv den Verdauungstrakt, Herz und Kreislauf, das Gehirn- und Nervensystem sowie das Immunsystem. Bitterstoffe wirken wie natürliche »Fatburner«.

Kartoffelpuffer
mit Apfelmus

Woche 2
Samstag

Zutaten

Kartoffelpuffer
1 kg überwiegend festkochende Kartoffeln
50 g Zwiebeln
3 Eier
40 g Dinkelmehl
1 EL Öl pro Puffer
Kräutersalz

Apfelmus
8 – 10 größere Äpfel
1 EL Zitronensaft
nach Geschmack Rohrzucker

Zubereitung

1. Die Äpfel waschen, trocknen und vierteln. In einen passenden Topf geben und mit Wasser bedeckt weich kochen. Mit Zitronensaft und Rohrzucker abschmecken.
2. Kartoffeln waschen, schälen und abtropfen lassen. Die Zwiebel schälen, die Kartoffeln und die Zwiebeln ganz fein reiben. Die restlichen Zutaten dazugeben und vermischen.
3. Öl in eine Pfanne geben und portionsweise die Kartoffelpuffer ausbacken.
Heiß mit Apfelmus servieren.

Apfel

Hildegard von Bingen empfahl nur selten etwas roh zu essen, bei Äpfeln machte sie eine Ausnahme. Sie wirken gegen krankmachende Darmbakterien, deshalb galt Apfelmus als gutes Mittel gegen Durchfall und Fieber, weil Äpfel das Wachstum krankmachender Bakterien verhindern.

Rindergulasch
mit Salzkartoffeln und Salat

Woche 2
Sonntag

Zutaten

Rindergulasch
500 g Rindergulasch
150 – 200 g Zwiebeln
200 g frische Tomaten
350 g Karotten
150 g Pastinake
60 g Lauch
40 g geröstetes Dinkelmehl
Kräutersalz
250 ml Bio-Sahne
750 ml Wasser
1 EL Suppenwürze

Kartoffeln
1,2 kg Kartoffeln
Meersalz

Zubereitung

1. Das Rindfleisch in heißem Öl von allen Seiten gut anbraten. Danach mit Wasser ablöschen und das Suppengewürz hinzufügen. Die Zwiebeln, die Karotten, die Tomaten und die Pastinaken waschen, putzen und würfeln. Alles zusammen zum Rindergulasch geben und ca. 60 bis 90 Minuten auf mittlerer Temperatur kochen lassen.
2. Das geröstete Dinkelmehl in die Bio-Sahne mischen und in das fertige Rindergulasch einrühren, nochmals kurz aufkochen.
3. Die Kartoffeln waschen, schälen und vierteln. Gut bedeckt mit Wasser und dem Salz etwa 20 Minuten gar kochen, abgießen und alles zusammen servieren.

Verfeinern

mit frisch gemahlenem Pfeffer, als Beilage ein gemischter Salat

Pastinake

Pastinaken waren früher ein Grundnahrungsmittel in Deutschland, wurden aber von Kartoffeln und Mohrrüben verdrängt. Das Wurzelgemüse ist reich an Mineralstoffen wie Kalium, Eisen und Folsäure. Es enthält mehr Vitamin C als die Karotte, aber deutlich weniger Betacarotin.

Kartoffel-

Linsensuppe

Woche 3
Montag

Zutaten

500 g braune Linsen (über Nacht in Wasser einweichen)
1 Tasse gekochte Dinkelkörner
100 g Zwiebeln
1 Bund Suppengrün
500 g Kartoffeln
1 Tomate
1 EL Balsamico-Essig (nach eigenem Geschmack etwas mehr)
2 EL Bio-Sonnenblumenöl
nach Geschmack Gemüsebrühe

Zubereitung

1. Das Wasser der eingeweichten Linsen abgießen.
2. Das Gemüse putzen, waschen und würfeln. Zusammen mit den Linsen, Salz und Essig in einen passenden Topf geben und mit Wasser bedecken. Hoch erhitzen und bei mittlerer Temperatur ca. 60 Minuten weich kochen. Die fertig gekochten Dinkelkörner ca. 10 Minuten mitkochen. Nach Geschmack würzen. In eine Suppenschüssel geben und servieren.

Verfeinern

mit Soja-Sahne

Linsen

Linsen sind besonders für Vegetarier wertvolle Lieferanten von hochwertigem pflanzlichen Eiweiß, vielen Mineralien und Vitaminen. Die Hülsenfrucht darf nicht roh gegessen werden, es sei denn, man lässt sie keimen. Einweichen reduziert die unbekömmlichen Inhaltsstoffe.

Gemüsepfanne
mit Thunfisch

Woche 3
Dienstag

Zutaten

1 kg Zucchini
50 g Zwiebel
250 g Thunfisch in Öl
1 Tomate
1 EL gehacktes, frisches Basilikum
5 EL Bio-Öl Ihrer Wahl
200 ml Soja-Sahne
nach Geschmack Kräutersalz
150 g – 200 g fertig gekochte Dinkelnudeln

Zubereitung

1. Das Gemüse waschen, trocknen, putzen und in Scheiben schneiden. Zusammen mit dem Öl, Salz und Basilikum in eine passende Pfanne geben und erhitzen. Bei mittlerer Temperatur das Gemüse weich schmoren. Kurz vor Fertigstellung die gekochten Nudeln dazugeben.
2. Dann den Thunfisch und die Soja-Sahne zufügen, nach Geschmack würzen.

Verfeinern

mit frisch gemahlenem Pfeffer

Basilikum

Frisch geerntet schmeckt Basilikum am besten, deshalb sollte man einen Topf kaufen und immer einige Blätter abzupfen. Als Gewürz wird Basilikum vor allem bei italienischen Gerichten und bei der Wurstzubereitung verwendet, es harmoniert hervorragend mit Tomaten.

Spaghetti
mit Austernpilzen

Woche 3
Mittwoch

Zutaten

Pilze
750 g Austernpilze
50 g Zwiebeln
20 g geröstetes Dinkelmehl
250 g Bio-Sahne
3 EL Bio-Öl Ihrer Wahl
Kräutersalz

Nudeln
300 g Spaghetti
3 EL Bio-Öl Ihrer Wahl
Meersalz

Zubereitung

1. Die Pilze mit einem Küchentuch reinigen und schneiden. Die Zwiebeln enthäuten und würfeln. Beides zusammen mit dem Öl und Salz in eine passende Pfanne geben, erhitzen und auf mittlerer Temperatur weich braten. Das Dinkelmehl in der Sahne auflösen, in die Pilze geben, vorsichtig rühren bis eine cremige Soße entsteht. Nach Geschmack würzen.
2. Das Nudelwasser erhitzen und die Nudeln in das sprudelnde Wasser geben.
Ca. 5 bis 7 Minuten weich kochen. Abgießen, kalt abspülen und Öl und Salz untermischen.
3. Die Nudeln in eine große Schüssel geben und die Austernpilze zufügen.

Verfeinern

mit Parmesankäse

Austernpilze

Er gehört zu den beliebtesten Speisepilzen und wird auch wegen seines Gehalts an B-Vitaminen, die es ansonsten hauptsächlich im Fleisch gibt, »Kalbfleischpilz« genannt. Zu den Inhaltsstoffen gehören hochwertige, essentielle Aminosäuren und Mineralien.

Rahmspinat
mit Spiegelei und Kartoffeln

Woche 3
Donnerstag

Zutaten

Kartoffeln
1,2 kg Kartoffeln
Meersalz

Eier
1 – 2 Eier pro Person
4 EL Bio-Öl Ihrer Wahl
Salz

Spinat
1 kg frischer Blattspinat
5 EL Öl Ihrer Wahl
½ Tasse Wasser
40 g geröstetes Dinkelmehl
200 ml Bio-Sahne
Muskat
Kräutersalz

Zubereitung

1. Die Kartoffeln schälen und ca. 20 Minuten weich kochen.
2. Die Zwiebel enthäuten und in einem passenden Topf in heißem Öl anbraten. Den Spinat waschen, klein schneiden und dazugeben. Das Wasser und Salz zufügen und bei mittlerer Temperatur weich dünsten. Das Dinkelmehl und die Sahne mischen, in den Spinat geben, rühren und kurz aufkochen.
3. Die Spiegeleier in kaltes Öl geben, salzen und fertig braten. Alles zusammen servieren.

Verfeinern

mit Muskat

Spinat

Spinat sollte möglichst aus biologischem Anbau stammen, denn er hat die Eigenschaft viel Nitrat aus dem Boden anzureichern, besonders wenn er aus dem Gewächshaus stammt. Für Kinder ist er deshalb nur bedingt geeignet. Durch Blanchieren geht ein Teil des Nitrats verloren.

Lachs
mit Dinkelnudeln und Brokkoli

Woche 3
Freitag

Zutaten

Lachs
1 Stück Lachs
pro Person (je 200 g)
1 TL frischer Zitronensaft
4 EL Bio-Öl Ihrer Wahl
Kräutersalz

Brokkoli
1,5 kg Brokkoli
4 EL Bio-Öl Ihrer Wahl
Kräutersalz

Nudeln
250 g Dinkelnudeln
2 EL Bio-Öl Ihrer Wahl
Meersalz

Zubereitung

1. Den Brokkoli in kleine Röschen schneiden und in das Sieb eines Dampfgarers geben. Den Lachs darüberlegen, mit Zitrone beträufeln und leicht salzen. Den Topf schließen, alles zusammen erhitzen und auf mittlerer Temperatur weich dämpfen.
2. Die Nudeln ca. 5 bis 7 Minuten kochen, abgießen und mit dem Öl und Salz vermischen. Den Fisch zusammen mit dem Brokkoli auf eine vorgewärmte Platte geben und mit Öl und Kräutersalz verfeinern.

Verfeinern

mit frischen Kräutern

Lachs

Lachs ist eine hervorragende Quelle für Omega-3-Fettsäuren (begünstigen das »gute« Cholesterin und reduzieren das »schlechte«). Zu den geschätzten Inhaltsstoffen gehören die Vitamine A, D, B2, B6 und E und Mineralstoffe wie Calcium, Eisen, Zink, Magnesium und Phosphor.

Schafskäse
mit großem gemischten Salat

Woche 3
Samstag

Zutaten

Salat
250 – 300 g
gemischte Salate
150 g rohes Gemüse
(gelbe Rübchen, Fenchel etc.)
1 Schlangengurke
1 Chicorée
3 Tomaten
1 rote Paprika
1 gelbe Paprika
Salz
nach Geschmack
Balsamico-Essig,
Bio-Öl Ihrer Wahl, Kräutersalz

Schafskäse
1 – 2 Scheiben Schafskäse
pro Person
70 g geröstetes Dinkelmehl
4 EL Bio-Olivenöl

Zubereitung

1. Den Schafskäse in dem Dinkelmehl wenden und in eine Pfanne mit heißem Öl geben. Von beiden Seiten goldgelb braten.

2. Die Zutaten für den Salat waschen, putzen und schneiden. Mit den anderen Zutaten anmachen und nach eigenem Geschmack würzen. Zusammen mit Dinkelbrot und dem gebackenen Schafskäse servieren.

Verfeinern

mit Schnittlauch und Petersilie

Paprika

Gemüsepaprika liefert mehr Vitamin C als Zitrusfrüchte. Da Vitamin C wasserlöslich und temperaturempfindlich ist, möglichst kurz lagern und schonend zubereiten. Paprikapulver wird durch heißes Bratfett bitter, deshalb erst nach dem Anbraten in die Speisen geben.

Hähnchen-Steaks

mit Kohlrabigemüse und Kartoffeln

Woche 3
Sonntag

Zutaten

Hähnchensteaks
1 – 3 Hähnchensteaks pro Person
4 EL Bio-Bratöl
Kräutersalz

Für Vegetarier:
2 – 4 Soja-Würstchen

Kohlrabigemüse
1, 2 kg Kohlrabi
40 g geröstetes Dinkelmehl
250 ml Bio-Sahne
1 kg Pellkartoffeln
Kräutersalz

Zubereitung

1. Die Kartoffeln waschen und ca. 20 Minuten weich kochen, pellen und in Scheiben schneiden.
2. Die Kohlrabis schälen und in Stifte schneiden. In einem passenden Topf knapp mit Wasser bedeckt ca. 20 Minuten weich kochen. Das Dinkelmehl in der Sahne auflösen und in die Kohlrabi gießen, unter Rühren nochmals kurz erhitzen, bis eine helle, cremige Soße entsteht. Die Kartoffeln dazugeben und nach Geschmack würzen.
3. Die Minutensteaks in etwas Bio-Öl braten und würzen.

Verfeinern

mit frisch gemahlenem Pfeffer

Kohlrabi

Die oberirdisch wachsende Knolle enthält wichtige Inhaltsstoffe wie B-Vitamine, Folsäure, Vitamin C, Phosphor, Kalium, Eisen, Kupfer und Selen, das Ganze ist verpackt in viele Ballaststoffe und wenig Kalorien. Dem Gemüse wird eine antibakterielle Wirkung zugeschrieben.

Schnelle

Gemüsesuppe

Woche 4
Montag

Zutaten

700 g mehlige Kartoffeln
750 g Steckrüben
100 g Zwiebeln
1 Schale Bio-Suppengrün
2 Tomaten
1 Tasse gekochte Dinkelkörnchen
2 EL gehackte Petersilie
Kräutersalz

Zubereitung

Das Gemüse waschen, putzen und würfeln. In einen passenden Topf geben und mit Wasser bedeckt erhitzen. Auf mittlerer Temperatur ca. 30 Minuten weich kochen. Die Dinkelkörnchen und die Petersilie in die heiße Gemüsesuppe geben.

Verfeinern

mit Kümmel, Majoran und Crème fraîche

Steckrübe

In Notzeiten hat man sich in Deutschland schon mehrmals auf die vielseitige Steckrübe besonnen und nutzte sie in Suppen, als Gemüse, Marmelade und sogar als Kaffee-Ersatz. Sie ist kalorienarm und enthält Traubenzucker, Eiweiß, Fett, ätherische Öle, Mineralstoffe und Vitamine.

Frischer
Stangenspargel

Woche 4
Dienstag

Zutaten

Spargel
2 kg Spargel
2–3 l Wasser
40 g geröstetes Dinkelmehl
200 ml Bio-Sahne
Kräutersalz

Rührei
8 Eier
6 EL Milch oder Wasser
4 EL Bratöl
2 EL Schnittlauchrollen
Salz, Pfeffer

Kartoffeln
1,5 kg Kartoffeln
Meersalz
½ TL frischer Zitronensaft

Zubereitung

1. Die Kartoffeln waschen, schälen und vierteln. In Salzwasser ca. 20 Minuten weich kochen, abgießen und warm stellen.
2. Den Spargel schälen, waschen und abtropfen lassen. Das Wasser, Salz und etwas frische Zitrone zum Kochen bringen und den Spargel hineingeben. Ca. 20 bis 25 Minuten auf mittlerer Temperatur kochen lassen. Den Spargel mit einer Schaumkelle herausnehmen und warm stellen.
3. Das Dinkelmehl in der Sahne auflösen und in ca. 400 ml Spargelwasser geben, unter Rühren erhitzen, bis eine cremige Soße entsteht. Die Zutaten für das Rührei vermischen und in einer Pfanne mit Öl stocken lassen. Abschmecken und mit dem Schnittlauch bestreuen.

Spargel

Schon die alten Ägypter schätzten den Spargel, dessen Asparaginsäure und Kalium-Gehalt harntreibend und abführend wirken und gegen Gelbsucht helfen sollte. Zu den Hauptinhaltsstoffen gehört besonders viel Kalium: 210 mg pro 100 g. Grüner Spargel hat mehr Vitamine als weißer.

Putenschnitzel

und Kartoffelsalat

Woche 4
Mittwoch

Zutaten

Kartoffelsalat

1,5 kg mehlige Kartoffeln
1 Glas Rote Bete (670 g)
4 hart gekochte Eier
2 Äpfel
1 Päckchen Soja-Sahne
2 EL gehackte Petersilie
Meersalz

Putenschnitzel

1 Schnitzel pro Person
70 g geröstetes Dinkelmehl
4 EL Bio-Bratöl
Kräutersalz

Für Vegetarier:
Käsebratlinge

Zubereitung

1. Die Kartoffeln kochen, pellen, in Scheiben schneiden und in eine große Schüssel geben. Das Glas mit der roten Bete und dem Sud über die Kartoffeln geben. Mit der Soja-Sahne, den klein geschnittenen Eiern und Äpfeln sowie den Gewürzen nach Geschmack verfeinern. Petersilie schneiden und darübergeben. Schmeckt sehr gut und sieht appetitlich rosa aus.
2. Die Schnitzel würzen, in geröstetem Dinkelmehl wenden und in heißem Öl braten.

Verfeinern

mit frischen Kräutern

Rote Beete

Das Gemüse wird wegen seines hohen Gehalts an B-Vitaminen, Kalium, Eisen und Folsäure geschätzt. Rote Bete nie zu lange warm halten oder bei Zimmertemperatur aufbewahren, sonst wandelt sich das gespeicherte Nitrat in schädliches Nitrit um! Zitrone hemmt die Nitritbildung.

Gurkengemüse
Salzkartoffeln und Schafskäse

Woche 4
Donnerstag

Zutaten

Gurkengemüse
1 kg Schlangengurken
1 Bund Dill
40–50 g geröstetes Dinkelmehl
150–200 ml Bio-Sahne
Salz, Pfeffer, Quendel und Ysop

Käse und Kartoffeln
1 kg Kartoffeln
4 Scheiben Schafskäse
1 Prise Paprika
Kräutersalz

Zubereitung

1. Kartoffeln schälen und in Salzwasser kochen.
2. Die Gurken waschen, klein schneiden und mit wenig Wasser bedeckt weich köcheln.
3. Das geröstete Dinkelmehl in der Sahne auflösen und in das Gemüse geben. Gut rühren und nochmals aufkochen. Mit dem Dill und den Gewürzen verfeinern und in eine größere Schüssel geben, den Schafskäse mit etwas Paprikagewürz darüberbröseln.
Alternativ: Schafskäse mit geröstetem Dinkelmehl panieren, Öl in eine Pfanne geben und den Schafskäse von beiden Seiten goldbraun ausbraten.

Mit den Salzkartoffeln servieren.

Verfeinern

mit frischen Kräutern

Dill

In allen Klostergärten war der Dill damals zu finden. Aus den Samen wurde ein verdauungsförderndes Dillwasser hergestellt, die Früchte wurden gegen Mundgeruch gekaut. Hildegard von Bingen setzte den Dill in gekochter Form gegen rheumatische Beschwerden ein.

Meeresfrüchte

mit Gemüse und Dinkelnudeln

Woche 4
Freitag

Zutaten

400 g gemischte Meeresfrüchte
250–300 g frische Garnelen
500 g Zucchini
1 kleine Aubergine
2 Tomaten
50 g Zwiebeln
1 rote, 1 gelbe,
1 grüne Paprika
1 Päckchen Soja-Sahne
Kräutersalz
4 EL Bio-Öl

Nudeln
300 g Dinkelnudeln
Meersalz

Zubereitung

1. Dinkelnudeln ca. 5 bis 7 Minuten kochen, abgießen und warm stellen.
2. Das Gemüse waschen, putzen und würfeln. Die Meeresfrüchte und die Garnelen zusammen mit dem Gemüse in das Einhängesieb eines Dampfgarers geben und weich garen (ca. 8 bis 10 Minuten).
3. Dann in eine große Schüssel geben, mit dem Salz, dem Öl und Soja-Sahne vorsichtig vermischen und zusammen mit den Dinkelnudeln anbieten.

Verfeinern

mit Petersilie

Aubergine

Die Aubergine wird gedünstet, gebraten oder gekocht, aber niemals roh gegessen, denn besonders in unreifem Zustand enthält sie Solanin und ist giftig. Der Kochvorgang zerstört das Solanin. Damit sich das Fruchtfleisch nicht braun verfärbt, mit Zitrone beträufeln!

Schnelle

Paprikapfanne

Woche 4
Samstag

Zutaten

2 rote, 2 gelbe,
1 grüne Paprika
1 – 2 Tomaten
50 g Zwiebeln
4 EL Bio-Öl Ihrer Wahl
2 – 3 Tassen gekochte Dinkelkörnchen
1 Päckchen Soja-Sahne
Kräutersalz

Zubereitung

1. Das Gemüse waschen, putzen und würfeln. Das Öl in eine große Pfanne geben und das Gemüse zufügen.

2. Alles zusammen erhitzen und auf mittlerer Flamme weich schmoren.

3. Kurz vor Fertigstellung die Dinkelkörner in das Gemüse geben. Die Paprikapfanne vom Herd nehmen und die Soja-Sahne, Basilikum und das Kräutersalz hineinmischen.

Verfeinern

mit Petersilie und Schafskäse

Dinkelkörner

Gekochte Dinkelkörner sollten Sie immer bereit haben, sie sind drei Tage lang im Kühlschrank haltbar. Sie sind sättigend, werten alle Mahlzeiten auf und sind äußerst vielseitig zu verwenden in Müslis und Süßspeisen oder in Gemüse-, Fleisch- und Fischgerichten.

Rindergulasch-
Gemüse mit Dinkelnudeln

Woche 4
Sonntag

Zutaten

500 g Rindergulasch
Für Vegetarier:
Soja-Geschnetzeltes
400 g Gemüsezwiebeln
1 rote Paprika
1 gelbe Paprika
3 mittlere Zucchini
1 Tomate
Kräutersalz
40 g geröstetes Dinkelmehl
200 ml Bio-Sahne
250–300 ml Wasser
5–6 EL Bio-Bratöl für das Gulasch
4 EL Bio-Öl für das Gemüse
300 g Dinkelnudeln

Zubereitung

1. Die Zwiebeln enthäuten und in dünne Ringe schneiden. Zusammen mit dem Fleisch in heißem Öl von allen Seiten gut anbraten und würzen. Das Wasser zufügen und alles zusammen 60 bis 90 Minuten auf mittlerer Temperatur weich kochen.
2. Das Gemüse waschen, putzen, würfeln. Das Öl in eine passende Pfanne geben und das Gemüse darin weich schmoren, dann in das fertige Gulasch geben. Das geröstete Dinkelmehl in der Sahne auflösen und in das Gulasch-Gemüse gießen. Unter Rühren nochmals kurz aufkochen und nach Geschmack nachwürzen.
3. Die Dinkelnudeln ca. 5 bis 7 Minuten in Wasser kochen. Zusammen mit dem Gulasch servieren.

Verfeinern

mit frisch gemahlenem Pfeffer und Paprikapulver

Dinkelnudeln

Nudeln aus Dinkelmehl haben mehr Inhaltsstoffe als Nudeln aus Weizenmehl. Dinkel ist zwar nicht glutenfrei, wird jedoch von Gluten-Allergikern oft trotzdem vertragen, die sich dann ganz auf Hildegards Lieblingsgetreide umstellen können.

Kartoffelcremesuppe

mit geräuchertem Lachs

Woche 5
Montag

Zutaten

1 – 2,5 l Wasser
1,3 kg mehlige Kartoffeln
700 g Karotten
50 g Zwiebeln
50 g Sellerie
70 g Lauch
40 g geröstetes Dinkelmehl
½ TL frischer Zitronensaft
200 ml Bio-Sahne
Kräutersalz

4 Scheiben
geräucherter Lachs
(in Streifen schneiden)

Zubereitung

1. Das Gemüse waschen, putzen und würfeln und in einen passenden Kochtopf legen, Salz, Zitronensaft und Wasser auf das Gemüse geben. Herd auf höchste Stufe einstellen bis das Wasser kocht. Dann auf mittlere Temperatur zurückstellen und ca. 20 bis 25 Minuten weich kochen.
2. Danach das geröstete Dinkelmehl in der Bio-Sahne auflösen und in die Gemüsesuppe gießen, nochmals aufkochen und mit dem Zauberstab oder Küchenmixer fein pürieren. Die Lachsstreifen auf einem extra Teller servieren.

Verfeinern

mit Petersilie, Majoran, Kümmel, Kräutersalz

Sellerie

Hildegard von Bingen empfahl den gekochten Sellerie, weil er reich an Mineralstoffen ist und den Kreislauf anregt. Selleriesamen setzte sie ein zum Senken der Harnsäure und gegen Rheuma, Arthritis und Gichtschmerzen.

Dinkelpfannkuchen
mit Äpfeln

Woche 5
Dienstag

Zutaten

200 g Dinkelvollkornmehl, sehr fein gemahlen
200 ml Wasser
200 ml Milch (3,8 %)
2–3 Eier (je nach Größe)
1 Prise Salz
Kalt gepresstes Öl zum Ausbacken der Pfannkuchen
2–3 Äpfel

Zubereitung

1. Alle Zutaten für die Pfannkuchen nacheinander in eine Rührschüssel geben und verschlagen. Den Teig ca. 20 bis 30 Minuten ruhen lassen.
2. Die Äpfel würfeln und vorsichtig unter den Teig heben – oder in Scheiben geschnitten in die Pfanne legen; danach den Teig portionsweise darübergeben.
3. 1 EL Öl in eine passende Pfanne geben und erhitzen. Man gibt mit einer Schöpfkelle eine dünne Teiglage gleichmäßig auf den Boden der Pfanne und wendet diese, wenn der Pfannkuchenrand anfängt goldgelb zu werden.

Verfeinern

mit Vanillezucker, Zimt oder Vanilleeis

Milch

Für die einen ist Milch ein hochwertiges Lebensmittel, für die anderen die Babynahrung fremder Säugetiere, die ein Teil der Menschen nicht verträgt und allergisch reagiert. Man kann auf Soja-Produkte ausweichen und den Calciumbedarf aus Gemüse (z. B. Fenchel, Brokkoli) decken.

Rindfleischsuppe

mit Dinkelnudeln

Woche 5
Mittwoch

Zutaten

Ca. 750 g Suppenfleisch vom Rind
(Beinfleisch oder Bugschaufel)
2 Markknochen
1 Bund Suppengrün (Sellerie, Karotten, Lauch)
½ TL frischer Zitronensaft
100 g Zwiebeln
1 kg Karotten
150 g gekochte Dinkelnudeln
Meersalz, 1 Lorbeerblatt

Zubereitung

1. Das Fleisch, Markknochen, ca. 1,5 l Wasser, Salz ein Lorbeerblatt und den Zitronensaft in einen passenden Topf geben. Alles zusammen erhitzen und zum Kochen bringen. Dann die Temperatur zurückstellen und ca. 60 Minuten bei mittlerer Hitze kochen lassen.
2. Währenddessen die Karotten, die Zwiebeln und das Suppengrün waschen, putzen und würfeln. Das Gemüse nach ca. 1 Stunde in die Rindfleischsuppe geben und alles nochmals ca. 1 Stunde köcheln lassen, bis das Fleisch weich und zart ist.
3. Dann das Fleisch und die Knochen herausnehmen. Wer möchte, kann das Fleisch in feine Streifen schneiden und in die Suppe geben.

Verfeinern

mit Liebstöckel, Majoran oder Petersilie

Lorbeerblatt

Die Blätter des echten Lorbeers geben Suppen, Eintöpfen, Fleischgerichten und Fisch einen kräftigen Geschmack. Beim Einlegen von Gurken und Heringen und bei der Herstellung von Sülzen sind sie fester Bestandteil der Würzmischung.

Bunter

Gemüseauflauf

Woche 5
Donnerstag

Zutaten

1 kg mehlige Kartoffeln
300 g gelbe Rüben
300 g Brokkoli
300 g Zucchini
100 g Zwiebeln
40 g geröstetes Dinkelmehl
Kräutersalz
200 ml Bio-Sahne
100 – 150 ml Milch
1 TL Butter
2 EL kalt gepresstes Sonnenblumenöl
150 – 250 g geriebenen Gouda-Käse

Zubereitung

1. Die Kartoffeln und die gelben Rübchen schälen, waschen und würfeln. In einen passenden Topf geben und knapp mit Wasser bedeckt erhitzen, ca. 20 bis 25 Minuten bei mittlerer Temperatur weich kochen. Danach abtropfen lassen.
(*Tipp:* Die entstandene Gemüsebrühe kann als Basendrink verwendet werden.)

2. Das restliche Gemüse ebenfalls putzen, waschen und würfeln. In einer Pfanne mit Öl ca. 2 bis 3 Minuten unter Rühren dünsten.

3. Den Backofen vorheizen. Ober-/Unterhitze etwa 200 Grad, Heißluft ca. 180 Grad.

4. Dann das gesamte Gemüse in eine große, flache Auflaufform (gefettet) geben. Das geröstete Dinkelmehl, den Käse, die Milch und die Sahne miteinander vermischen und über das Gemüse gleichmäßig verteilen. Den Auflauf auf dem Rost (mittlere Einschubleiste) in den vorgeheizten Backofen schieben und ca. 20 bis 25 Minuten backen. Etwas abkühlen lassen und servieren.

Gouda

Der aus Kuhmilch hergestellte Käse stammt aus der holländischen Stadt Gouda. Er eignet sich bestens zum Überbacken und für Aufläufe. Es gibt jungen Gouda (Reifezeit 4 bis 8 Wochen), mittelalten (2 bis 6 Monate) und alten (6 bis 18 Monate). Je älter, desto würziger!

Zanderfilet
mit Reis und Karottengemüse

Woche 5
Freitag

Zutaten

Fisch
200 g Zanderfilet pro Person
70 g geröstetes Dinkelmehl
½ TL Salz
½ TL frischer Zitronensaft

Reis
200 – 250 g Basmati-Reis
1 TL Butter, 1 Prise Meersalz
1 Tasse gekochte Dinkelkörner

Karottengemüse
1 kg Karotten
100 g Zwiebeln
Kräutersalz
nach Geschmack Bertram
und Gemüsebrühe
40 g geröstetes Dinkelmehl
100 – 150 ml Bio-Sahne

Zubereitung

1. Die Karotten putzen, waschen und in feine Scheiben schneiden, die Zwiebeln schälen und würfeln. Die Karotten und das Salz in einen passenden Topf geben und knapp mit Wasser bedeckt erhitzen. Einen Deckel auf den Topf geben und bei mittlerer Hitze ca. 20 Minuten fertig dünsten.
2. Das Dinkelmehl in der Sahne verrühren, in das Karottengemüse gießen und kurz aufkochen.
3. Den Reis in heißer Butter kurz andünsten, anschließend mit Wasser bedeckt 20 Minuten mit Deckel köcheln lassen, salzen und mit den Dinkelkörnchen mischen.
4. Das Zanderfilet waschen und mit einem Küchentuch trockentupfen, salzen und mit Zitrone beträufeln. In dem gerösteten Dinkelmehl wenden und in heißem Sonnenblumenöl ausbacken. Alles zusammen servieren.

Basmati-Reis

Es gibt viele Reissorten, mein Favorit ist der echte Basmati, denn er lässt sich schnell körnig kochen und hat ein sehr angenehmes Aroma, das an Blumen und milde Gewürze erinnert. Basmati wird im Handel als Naturreis und als Weißreis angeboten.

Dinkelnudeln

mit Zucchini

Woche 5
Samstag

Zutaten

Nudeln
200 g Dinkelspaghetti oder
Dinkelspirelli
Meersalz
2 EL kalt gepresstes Olivenöl
nach Geschmack Parmesan

Zucchinigemüse
1 kg Zucchini
100 g Zwiebeln
120 g frische, reife Tomaten
Kräutersalz
Basilikum, Pfeffer und Oregano
5 EL kalt gepresstes Olivenöl

Zubereitung

1. Das Wasser, das Salz und 1 EL Öl in einen passenden Topf geben und zum Kochen bringen. Die Nudeln in das sprudelnde Wasser geben, Temperatur auf mittlere Hitze stellen und ca. 5 bis 7 Minuten weich kochen. Das Wasser abgießen und nochmals 1 EL Öl über die Nudeln geben, damit diese nicht zusammenkleben.
2. Die Zucchini halbieren und in dünne Scheiben schneiden, die Zwiebeln würfeln. Das Öl und das Gemüse in eine passende Pfanne geben. Alles zusammen hoch erhitzen und auf etwas kleinerer Flamme ca. 10 bis 15 Minuten weich dünsten. Kräutersalz, Pfeffer und Kräuter dazugeben.
3. Die Tomate klein würfeln, mit etwas Olivenöl beträufeln und 1 Msp Salz darüberstreuen.
4. Die Nudeln und das Zucchinigemüse in eine Schüssel geben und vorsichtig miteinander mischen. Die Tomate darübergeben und zum Schluss alles mit Parmesankäse bestreuen und servieren.

Pfeffer

Zu den ältesten Handelsgütern zwischen Asien und Europa zählt der gut transportierbare Pfeffer, der zeitweise mit Gold aufgewogen wurde. Der weiße Pfeffer ist mit 2,5 Prozent ätherischem Öl milder als grüner und schwarzer Pfeffer mit rund 4,8 Prozent.

Hähnchenschenkel

mit Dinkelnudeln und Wirsinggemüse

Woche 5
Sonntag

Zutaten

Hähnchenschenkel
1 Hähnchenschenkel
pro Person
Kräutersalz
4 EL Bio-Öl Ihrer Wahl

Für Vegetarier:
1 – 2 Gemüsebratlinge
(gibt es fertig zu kaufen)

Wirsinggemüse
1 kg Wirsing
50 g Zwiebel
40 g geröstetes Dinkelmehl
200 ml Bio-Sahne
Kräutersalz

Nudeln
250 g Dinkelnudeln
3 EL Bio-Öl Ihrer Wahl
Meersalz

Zubereitung

1. Hähnchenschenkel waschen und würzen. Öl in eine passende Pfanne geben, erhitzen und die Hähnchenschenkel hinein geben. Auf mittlerer Temperatur weich braten.
2. Das Gemüse waschen, putzen und schneiden. In das Sieb eines Dampfkochtopfes geben, ca. 350 ml Wasser in den Topf geben und erhitzen. Das Gemüse gar dämpfen. Den Dinkel in der Sahne verrühren und in das Gemüsewasser geben. Kurz aufkochen bis Sie eine cremige, helle Soße erhalten. Den Wirsing hineingeben und nach Geschmack würzen.
3. Das Wasser für die Nudeln erhitzen. Die Nudeln in das sprudelnde Wasser geben und ca. 5 bis 7 Minuten kochen. Abgießen und kalt abspülen. Danach Öl und Salz zugeben.

Verfeinern

mit einer Messerspitze Galgant

Galgant

Galgant gehört zur Gruppe der Ingwergewächse und wurde schon in der chinesischen Heilkunde eingesetzt. Galgant ist seit 1984 vom Bundesgesundheitsamt als Heilmittel anerkannt. Die pulverisierte Wurzel bringt Schärfe in jedes Essen, deshalb bitte vorsichtig dosieren!

Bunte Erbsensuppe

Woche 6
Montag

Zutaten

1 Bund Suppengrün
300 g getrocknete Erbsen
(über Nacht einweichen)
375 g Kartoffeln
50 g Zwiebeln
1,5 l Wasser
2 EL Gemüsebrühe instant
1 Msp Natron
2 Msp Majoran
1 TL Sonnenblumenöl
1 EL Butter
1 Tasse gekochte Dinkelkörner

Zubereitung

1. Die Erbsen über Nacht einweichen.

2. Das Gemüse waschen, putzen und würfeln, zusammen mit den Erbsen, Gewürzen und ca. 1 Msp Natron in der Gemüsebrühe 1 Stunde bei mittlerer Hitze weich kochen. Die Dinkelkörnchen nach 50 Minuten in die Erbsensuppe geben und mitkochen. Nach Geschmack nachwürzen.

Alternativ: Die Erbsensuppe fein pürieren und die Dinkelkörner und Crème fraîche nach Geschmack dazu anbieten.

Verfeinern

mit Soja-Sahne, Pfeffer und frischen Kräutern

Erbse

Erbsen sind frisch geerntet nur kurz haltbar und werden deshalb entweder in Gläsern oder Dosen oder getrocknet verkauft. Die grünen (unreifen) Erbsen haben weniger Nährstoffe als die gelben und liefern (wichtig für Vegetarier) essentielle Aminosäuren und Mineralien.

Ratatouille

mit Basmati-Reis

Woche 6
Dienstag

Zutaten

350 g Gemüsezwiebeln
1 rote, 1 grüne Paprika
300 g Zucchini
250 g Auberginen
300 g Tomaten
6 EL Bio-Öl Ihrer Wahl
½ TL Salz
2 EL gehackte Petersilie
1 TL gehacktes Basilikum
1 Päckchen Soja-Sahne
1 Zehe Knoblauch
Kräutersalz

Reis

300 g Basmati-Reis
1 Tasse gekochte Dinkelkörner

Zubereitung

1. Die Gemüsezwiebeln abziehen und in dünne Ringe schneiden. Das Gemüse waschen, putzen und würfeln. Die Haut der Tomaten etwas einschneiden und kurz in heißem Wasser kochen, kalt abschrecken und enthäuten.

2. Das Öl in einen flachen Topf geben und das gesamte Gemüse, die Tomaten und die Gewürze in das kalte Öl geben und unter Rühren ca. 10 Minuten andünsten. Mit der Soja-Sahne verfeinern und nach Geschmack würzen.

3. Den Reis ca. 25 Minuten weich kochen und dann mit den gekochten Dinkelkörnern mischen.

Verfeinern

mit frischen Kräutern

Ratatouille

Unter Ratatouille versteht man ein französisches Gericht mit den Hauptbestandteilen Auberginen, Zwiebeln, Zucchini, Tomaten, Paprikaschoten und Knoblauch. Ratatouille galt früher als Arme-Leute-Essen, steht aber heute für ein schmackhaftes Gemüsegericht aus einem Topf.

Hähnchenschenkel

in Zwiebel-Maronigemüse

Woche 6
Mittwoch

Zutaten

Hähnchenschenkel
4 Hähnchenschenkel
4 EL Bio-Bratöl
¼ TL Salz
1 Msp Paprika
1 Msp Rosmarin

Für Vegetarier:
gebratener Tofu

Maronigemüse
150 g Zwiebeln
800 g gekochte Maroni
(im Glas oder vakuumiert)
¼ TL Salz
30 g geröstetes Dinkelmehl
200 ml Bio-Sahne
300 ml Wasser
1 TL Gemüsebrühe (instant)

Zubereitung

Backofen vorheizen: Ober-/Unterhitze ca. 200 Grad, Heißluft ca. 180 Grad

1. Eine größere Auflaufform ölen, die gewaschenen Hähnchenschenkel hineinlegen und von beiden Seiten einölen. ¼ TL Salz, jeweils 1 Msp Paprika und Rosmarin über die Hähnchenkeulen streuen und in den vorgeheizten Backofen auf die mittlere Einschubleiste schieben, ca. 40 Minuten backen.
2. Die Zwiebeln in Ringe schneiden, die Maroni vierteln, mit ¼ TL Salz und den Gewürzen in der Gemüsebrühe ca. 20 Minuten dünsten. Das geröstete Dinkelmehl in der Sahne auflösen und in das Gemüse geben, rühren und nochmals kurz aufkochen.
3. Die Dinkelnudeln ca. 5 bis 7 Minuten weich kochen, mit den Hähnchenschenkeln und dem Maronigemüse servieren. Dazu Birnenkompott reichen.

Marone/Edelkastanie

Als hundertprozentig gesund bezeichnete Hildegard von Bingen die Edelkastanie, sie galt als Universalkräftigungsmittel und war im Mittelalter ein wichtiges Volksnahrungsmittel. Ihre Inhaltsstoffe gelten als nervenstärkend, aufbauend und verträglich für Diabetiker.

Schafskäse
mit Fenchel-Kartoffel-Gemüse

Woche 6
Donnerstag

Zutaten

Schafskäse
1 Scheibe Schafskäse
pro Person
60 g geröstetes Dinkelmehl
4 EL Bio-Bratöl

Fenchel-Kartoffel-Gemüse
1 kg Kartoffeln
4 Fenchelknollen
2 Tomaten
30 g geröstetes Dinkelmehl
250 g Bio-Sahne
½ TL Salz

Zubereitung

1. Den Schafskäse im Dinkelmehl panieren und in heißem Öl von beiden Seiten goldbraun braten.
2. Kartoffeln schälen und in dünne Scheiben schneiden. Die Fenchelknollen waschen und schneiden. Tomaten halbieren und mit den Kartoffelscheiben, dem Fenchel, Salz und den Gewürzen knapp bedeckt mit Wasser ca. 20 Minuten weich dünsten. Das Dinkelmehl in der Sahne auflösen und in dem Fenchel-Kartoffel-Gemüse unter Rühren kurz aufkochen.

Verfeinern

mit Pfeffer, Kräutersalz, Quendel und Ysop

Fenchel

Fenchel gehört zu den wenigen Nahrungsmitteln, die laut Hildegard von Bingen auch roh gegessen werden können. Sie empfahl Fenchel in jeder Form, er wirkt als Tee besonders gegen Blähungen und ist Bestandteil von Milchbildungstees. Hier wird der Gemüsefenchel genutzt.

Dinkelnudeln

mit Paprika und gedünstetem Lachs

Woche 6
Freitag

Zutaten

Nudeln
250 – 300 g Dinkelnudeln
2 EL Sonnenblumenöl
Meersalz

Fisch
Pro Person 1 Stück Lachs oder anderen Fisch Ihrer Wahl
½ TL Fischgewürz
1 TL Zitronensaft
Kräutersalz

Gemüse
2 rote, 2 gelbe, 1 grüne Paprika
1 Tomate
100 g Zwiebeln
1 Msp Quendel
2 EL fein gehackte Petersilie
Kräutersalz

Zubereitung

1. Die Dinkelnudeln ca. 5 bis 7 Minuten weich kochen, danach kalt abspülen, etwas Sonnenblumenöl und Salz darübergeben, wenden und warm stellen.
2. Das Gemüse waschen, putzen und würfeln. Mit wenig Wasser bedeckt und den Gewürzen auf mittlerer Temperatur weich dünsten. Mit Kräutersalz verfeinern. Die Petersilie darüber streuen.
3. Den Lachs waschen und mit einem Küchentuch vorsichtig abtupfen und würzen. Das Öl in der Pfanne erhitzen und die Lachsfilets von beiden Seiten goldbraun braten und würzen. Mit etwas frischer Zitrone beträufeln.

Verfeinern

mit Pesto

Soja-Sahne

Wer keine Milchprodukte verträgt oder diese als Veganer ablehnt, kann auf rein pflanzliche Soja-Produkte ausweichen. Soja-Sahne (aus Soja-Bohnen und Soja-Öl) wird wie normale Sahne genutzt, sie kann aber nicht aufgeschlagen werden.

Eieromelette

mit Kartoffeln und Pilzen

Woche 6
Samstag

Zutaten

8 – 10 Eier
250 g gekochte Kartoffeln
300 g Champignons
3 – 5 EL gekochte Dinkelkörner
4 EL Bio-Öl Ihrer Wahl
2 EL gehackte Petersilie
Meersalz, Kräutersalz

Zubereitung

Die Kartoffeln mit Schale kochen, die Pilze blättrig schneiden. Die Eier aufschlagen und mit etwas Wasser und Meersalz schaumig schlagen. Die Kartoffeln pellen und in dünne Scheiben schneiden. Pilze, Kartoffeln, Dinkelkörner und die Gewürze vorsichtig in die Eiermasse geben. Das Sonnenblumenöl in der Pfanne erhitzen und die Omelettes ausbacken.
Alternativ: Die Eiermasse mit den Pilzen und Kartoffeln in einer Pfanne mit Olivenöl bei mittlerer Hitze stocken lassen. Zeit: ca. 15 Minuten. Abkühlen lassen und als kleine Tortenstücke servieren, ähnlich einer spanischen Tortilla.

Verfeinern

mit Paprika, Pfeffer, Schnittlauch

Kartoffel

Die Kartoffel liefert neben dem sehr gut verwertbaren pflanzlichen Eiweiß auch viele Mineralien und Vitamine. Sie besteht zu ca. 15 Prozent aus Kohlenhydraten (Stärke), ist aber nur ein »Dickmacher«, wenn sie mit viel Fett verarbeitet wird (Pommes frites oder Chips).

Putenfilet mit Bratkartoffeln und gelben Rüben

Woche 6
Sonntag

Zutaten

Putenfilet
4 Putenfilets (ca. 800 g)
2 Zwiebeln
nach Geschmack Meersalz
Sonnenblumenöl

Bratkartoffeln
1 kg Kartoffeln
30 g geröstetes Dinkelmehl
Kräutersalz, Rosmarin, Kümmel

Gemüse
500 – 800 g gelbe Rüben
2 größere Zwiebeln
40 g geröstetes Dinkelmehl
1 TL Gemüsebrühe
200 ml Bio-Sahne
Kräutersalz

Zubereitung

1. Die Putenschnitzel in heißem Öl anbraten und mit den Gewürzen auf mittlerer Temperatur ca. 5 bis 7 Minuten von beiden Seiten gut durchbraten und warm stellen.
2. Pellkartoffeln kochen (evtl. schon am Samstagabend), pellen, in Scheiben schneiden und mit Meersalz und jeweils 1 Msp Kümmel und Rosmarin in Öl anbraten. Kurz vor Fertigstellung ca. 1 bis 2 EL geröstetes Dinkelmehl über die Bratkartoffeln geben und nochmals wenden, dadurch werden sie schön kross. Mit Kräutersalz etwas nachwürzen.
3. Die gelben Rüben schälen und in dünne Scheiben schneiden, die Zwiebeln in dickere Ringe schneiden. Beides knapp bedeckt mit Wasser und den Gewürzen ca. 20 Minuten weich dünsten. Das geröstete Dinkelmehl in ca. 200 ml Bio-Sahne auflösen, in das Gemüse geben und unter Rühren noch mal kurz aufkochen. Dadurch entsteht eine feincremige helle Soße.

Kümmel

Allen blähenden Speisen kann Wiesen- oder Kreuzkümmel beigefügt werden, um sie leichter verdaulich zu machen. Kümmeltee wirkt entkrampfend ebenso wie Bauchmassagen mit Kümmelöl. Kümmel ist deshalb Bestandteil von Still- und Babytees.

Cremige
Kürbissuppe

Woche 7
Montag

Zutaten

1 Kürbis
500 – 800 g mehlige Kartoffeln
50 g Zwiebeln
40 g geröstetes Dinkelmehl
100 – 150 ml saure Bio-Sahne
Ca. 1 – 2 l Wasser
Suppenwürze, Kräutersalz

Zubereitung

1. Den Kürbis und die Kartoffeln waschen, putzen und würfeln. Die Zwiebel abziehen und in dünne Ringe schneiden. Das Wasser, Salz und etwas Suppenwürze in einen passenden Topf geben und das Gemüse zufügen. Alles zusammen ca. 20 bis 25 Min. weich kochen.
2. Das Dinkelmehl in die Kürbissuppe geben und mit dem Küchenmixer oder Zauberstab fein pürieren. Nochmals kurz zum Kochen bringen und anschließend mit der sauren Sahne verfeinern.

Verfeinern

mit Koriander

Koriander

Der Name stammt vom griechischen »Koris«, d.h. Wanze ab, weil die frischen Blätter danach riechen. Verwendet werden hauptsächlich die gemahlenen Samen in Brotteig, Kleingebäck sowie in Gerichten mit Kohl, Hülsenfrüchten und Kürbis. Koriander ist Bestandteil von Currypulver und Lebkuchengewürz.

Dinkelgrieß

mit heißen Himbeeren

Woche 7
Dienstag

Zutaten

1 l Bio-Vollmilch
150 – 250 g geröstetes Dinkelmehl
1 – 2 EL Honig
1 Päckchen frische oder
gefrorene Himbeeren

Zubereitung

1. Die Milch in einem größeren Topf unter Rühren erhitzen, bis sie schäumt. In die Milch das gesamte Dinkelmehl auf einmal hineingeben. Mit dem Schneebesen kräftig rühren, damit es keine Klümpchen gibt. Mit Honig süßen.
2. Die Himbeeren langsam erhitzen und zum Dinkelgrieß mit anbieten.

Verfeinern

mit Zimt

Himbeere

Als wirksames Mittel gegen Fieber verwendete Hildegard von Bingen den Saft von gedünsteten Himbeeren, der morgens und abends getrunken wurde. Die gesunden Früchte enthalten viel Kalium, Calcium, Magnesium und Vitamin C und werden roh, als Gelee, Marmelade oder Kompott gegessen.

Sauerkraut

mit Kartoffelbrei und Bratwurst

Woche 7
Mittwoch

Zutaten

Sauerkraut
750 g Sauerkraut
150 g Apfel
100 g Zwiebel
150 ml Wasser
Kräutersalz

Kartoffelbrei
1,2 kg mehlige Kartoffeln
20 g geröstetes Dinkelmehl
50 g Butter
250 ml Vollmilch
Meersalz

Bratwürste
1 – 2 Rindsbratwürste pro Person
Für Vegetarier: Soja-Bratwürste

Zubereitung

1. Die Zwiebeln enthäuten, die Äpfel waschen und beides würfeln. Sauerkraut, Wasser und Salz in einen passenden Topf geben und mit den restlichen Zutaten zum Kochen bringen. Nach ca. 10 Minuten die Temperatur etwas herunterstellen und alles zusammen ca. 45 bis 60 Minuten weich kochen.
2. Die Kartoffeln waschen, schälen, schneiden und ca. 20 Minuten gar kochen. Die Kartoffeln sofort durch eine Kartoffelpresse geben oder mit einem Kartoffelstampfer zerdrücken. Milch und Butter aufkochen und unter Rühren in die Kartoffelmasse geben. Das Püree würzen, das Dinkelmehl dazugeben und unter Rühren bei schwacher Hitze langsam köcheln lassen bis eine luftig lockere Masse entsteht.
3. Die Bratwürste in heißem Sonnenblumenöl gut durchbraten und alles zusammen servieren.

Sauerkraut

Das sehr gesunde Sauerkraut entsteht durch Milchsäuregärung aus Weiß- oder Spitzkohl. In rohem Sauerkraut sind noch die meisten Vitamine und Mineralstoffe des Weißkohls enthalten. Es gilt als darmreinigend und ist ein wichtiger Vitamin-C-Lieferant im Winter.

Buntes

Paprikagemüse

Woche 7
Donnerstag

Zutaten

Paprikagemüse

1 gelbe, 1 rote,
1 grüne Paprika
100 g Zwiebeln
120 g Tomaten
1 Aubergine
1 Päckchen Soja-Sahne
4–5 EL kalt gepresstes Sonnenblumen-Öl
1 Msp Bertram
Kräutersalz

Dinkelkörner

2–3 Tassen gekochte Dinkelkörner

Zubereitung

1. Das Gemüse waschen, putzen und würfeln. Sonnenblumenöl in eine Bratpfanne gießen und das Gemüse direkt in das kalte Öl geben. Alles zusammen mit dem Salz kurz hoch erhitzen und dann auf mittlerer Temperatur weich dünsten. Die Tomaten klein würfeln, etwas salzen und ½ TL Öl darübergeben.
2. Die gekochten Dinkelkörner und die Tomaten in das Paprikagemüse mischen.

Verfeinern

mit Bertram, Schafskäse oder Mozzarella

Bertram

Bertrampulver sollte wegen des leicht dumpfen Geschmacks vorsichtig dosiert werden, man kann von einer Messerspitze auf drei pro Mahlzeit steigern. Es wird empfohlen zur Entgiftung des Darms, bei Anämie, Diabetes und zur Stärkung der Sehkraft und sollte in keiner Speise fehlen.

Paniertes Fischfilet

mit Kartoffelsalat

Woche 7
Freitag

Zutaten

Fischfilet

Fischfilet (pro Portion ca. 200 g)
50–100 g
geröstetes Dinkelmehl
3 EL Sonnenblumenöl
½ Zitrone
Salz und Pfeffer

Kartoffelsalat

1 kg festkochende Kartoffeln
1 Glas Bio-Gurken (670 g)
6 Eier
2 Äpfel
3 EL gekochte Dinkelkörnchen
etwas frischen Saft einer Zitrone
je 1 Msp Bertram und Galgant
Kräutersalz
½ Bund frische Petersilie
½–1 Päckchen Soja-Sahne

Zubereitung

1. Die Fischfilets waschen und mit etwas Zitronensaft beträufeln und leicht salzen. Dann in dem gerösteten Dinkelmehl panieren. Das Öl in eine Pfanne geben und erhitzen. Die panierten Fischfilets in das heiße Öl geben und von beiden Seiten ca. 4 Minuten braten, warm stellen.
2. Die Kartoffeln kochen, pellen, in Scheiben schneiden und in eine Salatschüssel geben. Die Hälfte der Gurken und die Äpfel ebenfalls klein schneiden und den Kartoffeln beifügen. Die Eier ca. 8 Minuten kochen, abpellen, vierteln und vorsichtig in die Salatschüssel dazugeben. Ca. die Hälfte des Gurkensuds, die Soja-Sahne, die kalten Dinkelkörnchen, Kräutersalz, 3 EL Öl vermischen und vorsichtig unter den Kartoffelsalat heben. Petersilie klein gehackt darüberstreuen.

Petersilie

Verwenden Sie Petersilie, wo immer sie dazu passt, in Soßen, Suppen, Salaten und sonstigen Gerichten. 100 g Petersilie enthalten 60 mg Vitamin A und 250 mg Vitamin C. Nicht mitkochen, damit die Inhaltsstoffe erhalten bleiben, sie wirken harntreibend und entzündungshemmend!

Dinkelspaghetti
mit Tomatensoße

Woche 7
Samstag

Zutaten

Tomatensoße
800 g frische, reife Tomaten
150 g Gemüsezwiebeln
1 Msp Basilikum
1 Msp Oregano
5 EL Bio-Olivenöl
1 Knoblauchzehe
Kräutersalz
nach Geschmack
Parmesan-Käse

Nudeln
300 g helle Dinkelspaghetti
2 El Bio-Öl Ihrer Wahl
Meersalz

Zubereitung

1. Die Spaghetti in heißem Wasser ca. 5 bis 7 Minuten weich kochen. Das Kochwasser abgießen, Salz und Öl über die Spaghetti geben und vermischen.
2. Die Tomaten waschen und in dickere Scheiben schneiden. Die Zwiebeln enthäuten und in Ringe schneiden. Zusammen mit dem Öl und den Gewürzen in einer Pfanne ca.15 Minuten dünsten. Den Knoblauch durch eine Knoblauchpresse pressen und in die Tomatensoße geben. Alles zusammen mit Parmesan-Käse servieren.

Verfeinern

mit Pfeffer aus der Pfeffermühle

Tomate

Hauptbestandteil der Tomate ist Wasser (etwa 95 %), dazu kommen die Vitamine A, B1, B2, C, E und Niacin sowie Mineralstoffe und Spurenelemente. Der rote Farbstoff ist ein Carotinoid, das die Abwehrkräfte stärken und das Risiko bestimmter Krebserkrankungen senken soll.

Tafelspitz
in Meerrettichsoße

Woche 7
Sonntag

Zutaten

1 kg Kalbfleisch
1,5 l Wasser
1 El Gemüsebrühe
50 g Zwiebeln
5 Karotten
100 g Sellerie
2 Msp Rosmarin gerebelt
Kräutersalz
40 g geröstetes Dinkelmehl
200 ml Bio-Sahne
2 EL gehackte Petersilie
1 – 2 EL Sahnemeerrettich
1 Glas Zwetschgenkompott

Nudeln
300 g Dinkelnudeln
Meersalz

Zubereitung

1. 1,5 l Gemüsebrühe mit der Zwiebel, den Karotten, Sellerie, den Kräutern und Gewürzen zum Kochen bringen. Das Kalbfleisch in die kochende Brühe geben, damit sich die Fasern schließen können und ca. 1,5 Stunden gar köcheln.
2. Danach das Fleisch herausnehmen, in Scheiben schneiden und warm stellen. Das geröstete Dinkelmehl und den Sahnemeerrettich in der Sahne auflösen und die Kalbfleischbrühe damit binden, kurz aufkochen und die Fleischscheiben vorsichtig hineingeben.
3. Die Dinkelnudeln ca. 5 bis 7 Minuten kochen und zu dem Kalbsbraten servieren, dazu gibt es Zwetschgenkompott.

Verfeinern

mit Pfeffer aus der Pfeffermühle

Meerrettich

Seine Inhaltsstoffe wirken laut Hildegard von Bingen entzündungshemmend, mildern den Hustenreiz und vertreiben Darmpilze. Meerrettich-Umschläge empfahl sie bei Gicht, Rheuma und Ischias. In der Küche wird die Schärfe durch geriebene Äpfel, Sahne, Joghurt oder Fleischbrühe gemildert.

Bohnensuppe

mit Dinkelkörnern

Woche 8
Montag

Zutaten

1 Bund Suppengrün (Möhren, Lauch, Sellerie)
350 g getrocknete weiße Bohnen (über Nacht einweichen)
1 Tomate
500 g festkochende Kartoffeln
100 g Zwiebeln
¼ TL Salz
6 EL gekochte Dinkelkörner
1 Msp Natron
2 TL frische Zitrone oder Essig
1,5 – 2 l Wasser
1 EL Suppenwürze

Zubereitung

Die Bohnen über Nacht mit Wasser bedeckt einweichen.

Am nächsten Tag
Die Kartoffeln, die Zwiebeln, die Tomate und das Suppengrün waschen, putzen und würfeln. Die Bohnen abtropfen lassen und zusammen mit dem Gemüse in einen passenden Topf geben. Das Wasser, Essig oder Zitronensaft und die Suppenwürze zufügen. Alles zusammen zum Kochen bringen. Nach ca. 45 Minuten die gekochten Dinkelkörner in die Bohnen geben und nochmals 15 bis 20 Minuten auf geringer Temperatur kochen lassen, bis die Bohnen weich sind.

Verfeinern

mit Pfeffer, Kräutersalz, Majoran

Dinkelkörner

Gekochte Dinkelkörnchen sind der Ersatz für den üblichen Reis. Es handelt sich hierbei um das sehr gesunde keimfähige Korn, nicht um den sogenannten Dinkelreis, der noch einmal bearbeitet, das heißt geschliffen und so in Reiskorngröße gebracht wurde.

Dinkelpfannkuchen

mit Pilzen

Woche 8
Dienstag

Zutaten

Pfannkuchen
200 g Dinkelvollkornmehl, sehr fein gemahlen
¼ TL Salz
400 ml Mineralwasscr mit Kohlensäure
2–3 Eier, je nach Größe
nach Bedarf kalt gepresstes Olivenöl, Kräutersalz

Pilzfüllung
500 g Pilze
1 Knoblauchzehe
50 g Tomaten
50 g Zwiebel
Kräutersalz
150 ml Bio-Schmand oder saure Bio-Sahne
4 EL Bio-Bratöl

Zubereitung

1. Pfannkuchen: Die Zutaten für die Dinkelpfannkuchen in eine Rührschüssel geben. Alles miteinander gut verschlagen und 20 Minuten ruhen lassen. Die Pfannkuchen mit einer Schöpfkelle in heißem Öl in einer passenden Pfanne ausbacken. Es empfiehlt sich den ganzen Pfannenboden mit Teig dünn zu bedecken, um große Pfannkuchen zu erhalten. Diese lassen sich besser füllen.
2. Pilzfüllung: Die Pilze mit einem Küchentuch vorsichtig säubern und blättrig schneiden. Die Zwiebeln schälen und in dünne Ringe schneiden. Beides zusammen in eine Pfanne mit Öl geben, salzen und weich braten. Den Knoblauch abziehen und durch eine Knoblauchpresse geben. Die Tomate fein würfeln und mit dem Knoblauch unter die Pilze heben. Mit dem Schmand oder der sauren Sahne verfeinern. Die Pfannkuchen mit den Pilzen füllen, rollen und servieren.

Wasser

Mindestens zwei Liter Wasser sollte ein Erwachsener täglich trinken! Wenn das Leitungswasser in Ordnung ist, muss man kein Wasser kaufen. Ansonsten empfiehlt sich stilles Wasser aus Glasflaschen. Denken Sie an Ihre Gesundheit und die Umwelt – verzichten Sie auf Plastikflaschen!

Pellkartoffeln

mit Kräuterquark

Woche 8
Mittwoch

Zutaten

1,5 kg Kartoffeln
Kräuterquark
750 g Quark (40 %)
1 Glas Milch (3,8 %)
4 EL frische Kräuter, gehackt
20 g geröstetes Dinkelmehl
½ Schlangengurke
1 rote und 1 gelbe Paprika
¼ TL Salz
1 Msp Muskatnusspulver

Zubereitung

1. Die Kartoffeln in kaltem Wasser aufsetzen und ca. 20 bis 35 Minuten weich kochen, pellen und warm stellen.
2. Die Paprika und die Gurke fein hobeln und mit allen Zutaten für den Kräuterquark mischen und nach Geschmack würzen.

Verfeinern

mit Knoblauch, Kümmel, Leinöl

Gurke

Die zu den Kürbisgewächsen gehörende Gurke wird überwiegend roh oder eingelegt, aber auch als Schmorgurke gegessen. Da sie stark wasserhaltig ist (mehr als 95 Prozent), wirkt sie erfrischend und ist kalorienarm. Die wichtigsten Inhaltsstoffe sind Kalium, Phosphor, Calcium und Magnesium.

Wirsinggemüse

mit Spiegelei

Woche 8
Donnerstag

Zutaten

Wirsinggemüse
1 kg Wirsinggemüse
100 g Zwiebeln
200 ml Wasser
1 TL Suppenwürze
Meersalz
40 g geröstetes Dinkelmehl
200 ml Bio-Sahne
4 EL kalt gepresstes Sonnenblumenöl

Spiegeleier
1 – 2 Eier pro Person
5 EL kalt gepresstes Sonnenblumenöl
2 EL gehackte Petersilie
Kräutersalz

Kartoffeln
1,5 kg Kartoffeln
Meersalz

Zubereitung

1. Die Kartoffeln waschen, schälen und vierteln, in Salzwasser ca. 20 Minuten kochen, abgießen und warm stellen.
2. Den Wirsing waschen, putzen und klein schneiden. Die Zwiebeln schälen und würfeln. Das Gemüse zusammen mit dem Öl in einen passenden Topf geben und erhitzen. Nach 5 Minuten das Wasser und die Suppenwürze beifügen und zugedeckt bei mittlerer Hitze weich kochen. Das geröstete Dinkelmehl in der Sahne auflösen und in das Wirsinggemüse zum Binden geben.
3. Die Eier aufschlagen und in eine Pfanne mit kaltem Öl geben. Erst dann erhitzen, würzen und fertig braten.

Verfeinern

mit Pfeffer, Kräutersalz, Kümmel oder Kreuzkümmel

Wirsing

Der vielseitig verwendbare Wirsing ist zarter, hat aber doppelt so viel Eiweiß, Fette, Eisen und Phosphor wie Weiß- und Rotkohl. Er eignet sich für Eintöpfe, als Gemüse und für Kohlrouladen, hat wenig Kalorien und ist im Winter ein hervorragender Vitamin-C-Spender.

Zanderfilet

mit Dinkelnudeln und Gurkensalat

Woche 8
Freitag

Zutaten

Fisch
4 Scheiben Zanderfilet
4 EL frische Kräuter gehackt
(Petersilie, Salbei, Zitronen-
melisse,
Dill oder ähnliches)
½ TL Salz
1 TL frische Zitrone
4 Bögen Alufolie
4 Tomaten

Nudeln
300 g Dinkelnudeln
1 EL Bio-Öl Ihrer Wahl
etwas Butter
Meersalz

Salat
600 g – 750 g
Schlangengurken
1 – 2 EL frischer Zitronensaft
200 ml saure Sahne
2 EL gehackte Petersilie
2 EL gehackter Dill
nach Geschmack Salz
und Pfeffer

Zubereitung

1. Backofen vorheizen: ca. 200 Grad Ober- und Unterhitze, ca. 180 Grad Heißluft. Den Fisch waschen und mit Küchenpapier vorsichtig abtupfen und würzen. Die Alubögen auf einer Arbeitsfläche ausbreiten. Die Tomaten würfeln. Jeweils ein Fischfilet, und ¼ der frischen Kräuter und der Tomaten auf eine der Folien legen und gut einpacken. Dann auf einem Backblech in den vorgeheizten Backofen auf die mittlere Einschubleiste geben, ca. 20 bis 25 Minuten fertig backen.
2. Die Dinkelnudeln ca. 5 bis 7 Minuten kochen, abgießen. Etwas Öl und Butter in die Nudeln geben, leicht vermischen und warm stellen.
3. Die Gurken waschen und in dünne Scheiben schneiden. Alle Zutaten mischen und würzen.

Salbei

Der Name stammt vom lateinischen Wort für »salvare«, also heilen. Der Salbei wird als Küchengewürz und in der Heilkunde verwendet, als Tee gegen Halsschmerzen und übermäßiges Schwitzen, sowie bei Magen- und Darmschmerzen. Wirksam sind die ätherischen Öle und die Gerbstoffe (Tannine).

Dinkelpizza
mit Thunfisch

Woche 8
Samstag

Zutaten

Pizzateig
250 g fein gemahlenes Dinkelmehl
½ Päckchen Trockenhefe
150 ml warmes Wasser
¼ TL Salz
½ EL warme Butter

Pizzabelag
400 g Brokkoli
800 g Fenchelknollen
250 g Pilze
100 g Oliven
3 – 4 Mozzarellakugeln
2 rote und 1 gelbe Paprika
8 Artischockenherzen
2 Dosen Thunfisch
1 Glas geschälte Tomaten
4 EL kalt gepresstes Olivenöl
2 EL gehacktes Basilikum
1 EL Oregano
Kräutersalz

Zubereitung

1. Pizzateig: Das Dinkelmehl in eine Schüssel geben. Das Wasser leicht erwärmen und die weiteren Zutaten darin auflösen. Die Flüssigkeit in das Dinkelmehl geben und 8 bis 10 Minuten gut kneten. Ca. 1 Stunde warm stehen lassen, so dass sich der Teig verdoppeln kann. Backpapier auf ein Backblech geben und den Pizzateig darauf gleichmäßig ausrollen.
2. Pizzabelag: Das Gemüse würfeln und ca. 8 Minuten in Salzwasser bissfest kochen. Die geschälten Tomaten und die frischen Kräuter auf dem Pizzateig verteilen. Dann das Gemüse gleichmäßig über den Pizzateig geben und mit Kräutersalz würzen. Den Mozzarella in dünne Scheiben schneiden und das Gemüse damit gut belegen. Das Sonnenblumenöl über den Käse träufeln. Backofen auf 220 Grad vorheizen und die Pizza ca. 20 Minuten fertig backen.

Artischocke

Das Blütengemüse enthält den Leber und Galle anregenden Bitterstoff Cynarin. Die Artischocke soll appetitanregend, verdauungsfördernd und cholesterinsenkend wirken, sie wurde 2003 Arzneipflanze des Jahres. Man verwendet bei erwachsenen Pflanzen nur Teile der Blätter und die Blütenböden.

Putengeschnetzeltes
mit Kartoffeln

Woche 8
Sonntag

Zutaten

Putengeschnetzeltes
500 g Putengeschnetzeltes
40 g geröstetes Dinkelmehl
100 g Zwiebeln
200 ml Bio-Sahne
¼ TL Salz
200 ml Wasser
1 TL Suppenwürze
400 g Champignons
4 EL kalt gepresstes
Sonnenblumenöl
Kräutersalz

Kartoffeln
1,2 kg Kartoffeln
Meersalz

Zubereitung

1. Die Pilze mit einem Küchentuch vorsichtig säubern und blättrig schneiden. Die Zwiebeln würfeln.
2. Das Putengeschnetzelte, die Champignons und die Zwiebeln in Öl geben und von allen Seiten gleichmäßig anbraten. Mit 200 ml Wasser und der Suppenwürze ablöschen und zusammen mit den Gewürzen weich dünsten. Das geröstete Dinkelmehl in der Sahne auflösen, in das Putengeschnetzelte geben und nochmals kurz aufkochen. Eventuell mit Kräutersalz nachwürzen.
3. Die Kartoffeln schälen, vierteln und ca. 20 Minuten in Salzwasser kochen, abgießen und warm stellen.

Nach eigenem Geschmack eventuell einen frischen Salat dazu anbieten, zum Beispiel Eisbergsalat mit Tomaten.

Eisbergsalat

Er besteht zu 95 Prozent aus Wasser und ist deshalb ideal zum Abnehmen oder als Beilage zu diversen Speisen.
100 g Eisbergsalat enthalten unter anderem 11 mg Magnesium, 26 mg Phosphor, 166 mg Kalium, 22 mg Calcium, 1,5 mg Eisen und 7 mg Vitamin C.

weitere
Rezepte

Rezepte – Übersicht

Nudelgerichte

1. Dinkelbandnudeln mit Spinat und Lachs
2. Dinkelspirelli mit Mangold und Zwiebeln
3. Dinkelbandnudeln mit Weißkohl-Pilzgemüse
4. Dinkelspirelli mit Fenchel-Tomaten-Gemüse und Mozzarella
5. Dinkelbandnudeln mit Edelkastanien
6. Dinkelspirelli mit Paprika und Seezungen- oder Zanderfilet
7. Dinkelspirelli mit Putengeschnetzeltem
8. Dinkelbandnudeln, Rindersteaks mit Knoblauchbutter und Salat

Klöße, arme Ritter & Co.

1. Aufgestiegene Klößchen
2. Hefeklöße
3. Semmelknödel
4. Kartoffelklöße
5. Spätzle
6. Arme Ritter
7. Apfelgemüse

Süßspeisen

1. Süße Birnen
2. Birnenkompott
3. Honig-Bananen
4. Apfel-Fruchtspeise
5. Frische Früchte
6. Frischer Ananas-Mix
7. Früchte-Müsli
8. Frische Erdbeeren oder Himbeeren
9. Süße Melone

*Nudel*gerichte

Dinkelbandnudeln

mit Spinat und Lachs

Zutaten

300 g Dinkelbandnudeln
800 g frischer Blattspinat
1 große Zwiebel
Öl
Salz, Pfeffer, Bertram
1 Knoblauchzehe
Eventuell Soja-Sahne
1 Stück frischen Lachs pro Person (je 200 g)

Zubereitung

1. Die Dinkelnudeln ca. 5 bis 7 Minuten kochen und warm stellen.
2. Den Spinat zerkleinern und mit der kleingeschnittenen Zwiebel in Öl leicht anschmoren, den Lachs darauf legen, etwas salzen und alles bei geschlossenem Deckel weich dünsten. Den Fisch herausnehmen und warm stellen. Die Knoblauchzehe zerdrücken, mit den Gewürzen zu dem Spinat geben und gut vermengen.
3. Die Nudeln und den Spinat vorsichtig vermischen und mit dem Fisch servieren. Wer möchte, kann in die Nudeln mit Spinat noch etwas Soja-Sahne geben.

Dinkelspirelli
mit Mangold und Zwiebeln

Zutaten

300 g Dinkelspirelli
600–800 g Mangold
2 große Zwiebeln
Salz, Bertram, Quendel, Kräutersalz
1–2 TL Gemüsebrühe
1 Päckchen Soja-Sahne
Parmesankäse

Zubereitung

1. Die Dinkelspirelli in einen großen Topf geben und mit Wasser bedecken, die Gemüsebrühe einstreuen.
2. Auf die Nudeln den geputzten und geschnittenen Mangold schichten. Einen Deckel auf den Topf legen und ca. 10 Minuten gar kochen. Optimal ist, wenn sich das Wasser verkocht hat und der Mangold schön weich ist.
3. Die Gewürze über den Mangold geben und alles mit den Nudeln und der Soja-Sahne vorsichtig vermengen. Parmesankäse darüberstreuen und servieren.

Dinkelbandnudeln

mit Weißkohl-Pilzgemüse

Zutaten

300 g Dinkelbandnudeln
600 g Weißkohl
2 große Zwiebeln
500 g Austernpilze
Bio-Öl Ihrer Wahl
Salz, Bertram, Quendel, Kräutersalz
1 Päckchen Soja-Sahne

Zubereitung

1. Die Nudeln ca. 5 bis 7 Minuten kochen, abgießen und warm stellen.
2. Den Weißkohl und die Zwiebeln in feine Streifen und die Pilze in etwas größere Stücke schneiden, dann alles zusammen in Öl anbraten, würzen und auf mittlerer Flamme fertig schmoren. Mit der Soja-Sahne und dem Kräutersalz verfeinern und mit den Nudeln mischen. Sehr gut schmeckt es, wenn man eine klein geschnittene Tomate zum Schluss unterhebt oder anstelle von Pilzen ca. 150 g Rinderhack nimmt, das man zusammen mit dem Weißkohl und den Zwiebeln schmort.

Dinkelspirelli
mit Fenchel-Tomaten-Gemüse und Mozzarella

Zutaten

300 g Dinkelspirelli
5 Knollen frischer Fenchel
6 Tomaten
2 Zwiebeln
4 EL Bio-Öl Ihrer Wahl
3 Kugeln Mozzarella
Basilikum
Salz, Quendel, Thymian und Galgant
Kräutersalz

Zubereitung

1. Die Nudeln in einen Dampfgarer geben und mit Wasser bedecken, das Sieb in den Topf einhängen und darin das klein geschnittene Gemüse, den Basilikum und die Gewürze geben. Mit dem Deckel den Topf schließen und alles zusammen ca. 10 Minuten gar kochen.
2. Das Gemüse aus dem Topf heben, die Tomaten etwas ausdrücken und die Haut entfernen. Die Nudeln abgießen, mit dem Gemüse vorsichtig vermischen und in eine Auflaufform mit etwas Öl geben, den in Scheiben geschnittenen Mozzarella darüberlegen und 2 EL Öl auf dem Käse verteilen und bei mittlerer Hitze kurz überbacken.

Dinkelbandnudeln

mit Edelkastanien

Zutaten

300 g Dinkelbandnudeln hell
500 g gekochte Edelkastanien
(gibt es fertig zu kaufen im Glas oder vakuumiert)
3 große Zwiebeln
2 EL geröstetes Dinkelmehl
200 ml Bio-Sahne
Salz, Bertram und Galgant
3 EL Sonnenblumenöl

Zubereitung

1. Die Dinkelnudeln kochen, abgießen und warm stellen.
2. Die Zwiebeln in dicke Ringe schneiden und die Edelkastanien halbieren. Beides zusammen in Öl anbraten und würzen. Das Dinkelmehl in einer Tasse Wasser auflösen, in die Kastanien geben und kurz aufkochen. Mit der Sahne verfeinern und zu den Nudeln servieren.

Dinkelspirelli

mit Paprika und Seezungen- oder Zanderfilet

Zutaten

300 g Dinkelspirelli
4 Portionen Seezungenfilets (je 200 g)
1 rote, 1 gelbe und 1 grüne Paprika
2 mittlere Zucchini
2 Tomaten
1 große Zwiebel
Basilikum, Oregano, Bertram, Quendel und Kräutersalz
Salz und Pfeffer
1 Päckchen Soja-Sahne
1 EL Ketchup
½ Bund Petersilie

Zubereitung

1. Nudeln in einen Dampfkochtopf geben und mit Wasser bedecken. Das Sieb in den Topf einhängen und alles Gemüse gemeinsam in kleine Stücke geschnitten hineingeben. Die Kräuter und Gewürze darübergeben und die Fischfilets auf das Gemüse legen und würzen. Alles zusammen ca. 10 Minuten garen.
2. Die Fischfilets vorsichtig herausheben und auf eine Platte legen, mit einigen Butterflöckchen bedecken und warm stellen. Das Gemüse in eine Schüssel geben und mit Soja-Sahne, etwas Ketchup, eventuell auch noch Kräutersalz verfeinern. Das Gemüse zum Fisch hinzufügen und die Petersilie darüberstreuen. Die Nudeln dazu servieren.

Dinkelspirelli
mit Putengeschnetzeltem

Zutaten

300 g Dinkelspirelli
500 g Putengeschnetzeltes
2 Zwiebeln
250 g Pilze
Salz, Pfeffer, Bertram und Galgant
Bio-Öl Ihrer Wahl
2 EL geröstetes Dinkelmehl
200 ml Bio-Sahne

Zubereitung

1. Die Nudeln ca. 5 bis 7 Minuten kochen, abgießen und warm stellen.
2. Das Putengeschnetzelte, die Zwiebeln und die Pilze in Öl anbraten, würzen und fertig schmoren. Das geröstete Mehl in ½ Tasse Wasser auflösen und in das Geschnetzelte geben. Kurz aufkochen und mit der Sahne verfeinern, eventuell nachwürzen.

Dinkelbandnudeln

Rindersteaks mit Knoblauchbutter und Salat

Zutaten

300 g Dinkelbandnudeln
4 Rindersteaks
1 Kopf grüner Salat
1 Schlangengurke
5 Tomaten
Zitronensaft und Bio-Öl Ihrer Wahl
Pfeffer, Salz, Bertram
200 g Butter
1–2 Knoblauchzehen
½ Bund Petersilie

Zubereitung

1. Die Nudeln wie immer kochen und abgießen, dann warm stellen.
2. Die Steaks nach Geschmack in heißem Öl anbraten, würzen und ebenfalls warm stellen.
3. Den Knoblauch durch eine Knoblauchpresse geben, die Petersilie ganz fein hacken und beides zusammen mit etwas Salz in die Butter mischen.
4. Die Zutaten für den Salat putzen, schneiden und nach Geschmack mit Zitrone, Öl und Gewürzen anmachen. Alles zusammen servieren.

Klöße, arme Ritter & Co.

Aufgestiegene

Klößchen

Zutaten

300 g mehlige Kartoffeln
¼ TL Salz
100 g geröstetes Dinkelmehl
30 g zerlassene Butter
1 EL fein gehackte Petersilie
1 Msp Muskatnuss, gerieben
1 Ei

Zubereitung

1. Die Kartoffeln waschen, schälen und vierteln. In einen Topf geben und mit Wasser bedeckt ca. 20 Minuten kochen.
2. Das Kartoffelwasser abgießen, die Kartoffeln in eine Schüssel geben, mit einer Kartoffelpresse oder einem Kartoffelstampfer fein zerdrücken. Die weiteren Zutaten hinzufügen und mit dem Knethaken des Handrührgerätes gleichmäßig verteilen.
3. Wasser und Salz in einen großen Topf geben und zum Kochen bringen. Mit angefeuchteten Händen aus dem Teig kleine Klößchen formen und ca. 6 bis 8 Minuten in heißem Wasser ziehen lassen.
4. Die fertigen Klößchen mit der Schaumkelle aus dem heißen Wasser nehmen. Sie schmecken gut zu Fleisch, Gemüse, Pilzen, Fruchtsoßen mit Bio-Sahne, gebratenen Zwiebeln mit Käse, Salat oder überbacken mit Schafskäse.

Süße
Hefeklöße

Zutaten

250–280 ml Vollmilch
300 g helles Dinkelmehl
Trockenhefe für 300 g Teig
1–2 EL Rohrzucker
1 Ei
1 Msp Salz
1 Päckchen Bio-Vanillezucker
50–60 g weiche Butter

Zubereitung

1. Die Milch und die Butter in einem Topf leicht erwärmen.
2. Das Mehl und die weiteren Zutaten in eine Rührschüssel geben und miteinander vermischen. Die warme Milch und Butter dazugeben und alles zusammen mit der Hand ca. 5 Minuten kneten. Danach den Teig nochmals mit dem Knethaken des Handrührgerätes auf höchster Stufe ca. 6 bis 7 Minuten kneten.
3. Dann den Teig warm stellen und ca. 50 bis 60 Minuten ruhen lassen, damit er sich verdoppeln kann. Danach nochmals mit der Hand leicht durchkneten und zu einer Rolle formen. Sechs bis acht gleich große Stücke abschneiden und mit feuchten Händen zu Klößen formen. Diese in eine bemehlte Auflaufform geben und nochmals ca. 30 Minuten ruhen lassen. Umso länger der Teig ruht, desto besser kann er sich verdoppeln.
4. Ein dünnes Küchenhandtuch auf einen großen Topf mit heißem Wasser legen und mit einem Gummiband seitlich rundherum befestigen, geröstetes Dinkelmehl dünn auf das Handtuch streuen und die Klöße vorsichtig darauflegen. Die Klöße mit einer hitzebeständigen Form oder Deckel zugedeckt ca. 25 bis 30 Minuten bei mittlerer Hitze dämpfen lassen und dann vorsichtig herunternehmen – besonders lecker mit Vanillesoße, Rohrzucker und Zimt oder mit Kompott.

Dinkel-
Semmelknödel

Zutaten

6–8 altbackene Dinkelbrötchen (ca. 2 Tage alt)
100 g Zwiebeln
300–350 ml Vollmilch
4 Eier
30 g Butter
½ TL Salz
2–3 EL gehackte Petersilie
1 Msp Bertram

Zubereitung

1. Die Brötchen in kleine Würfel schneiden und in eine Schüssel geben, die Zwiebel fein würfeln und hinzufügen.

2. Die Milch, die Butter, die Petersilie und die Kräuter leicht erwärmen und zu den gewürfelten Brötchen geben.

3. Die Eier aufschlagen und hinzufügen, alles zusammen mit der Hand gut kneten, bis sich eine geschmeidige Masse ergibt.

4. Mit feuchten Händen ca. 10 bis 12 Klöße formen und diese vorsichtig in einen großen Topf mit kochendem Wasser geben. Die Temperatur reduzieren und die Knödel schwimmend im heißen Wasser ziehen lassen. Mit einer Schaumkelle die Knödel herausnehmen und zu Fleisch, Gemüse oder Pilzen servieren.

Kartoffel-

Klöße

Zutaten

750 g mehlige Kartoffeln
70 g feines Vollkorndinkelmehl
2 Eier
1 Msp Muskatnuss
½ TL Salz

Zubereitung

1. Die Kartoffeln waschen und mit Schale ca. 20 bis 25 Minuten kochen. Die Kartoffeln pellen, vierteln und durch eine Kartoffelpresse drücken oder mit einem Kartoffelstampfer zerkleinern und in einer großen Schüssel abkühlen lassen. Die restlichen Zutaten hinzufügen. Mit der Hand oder dem Knethaken des Handrührgeräts auf niedriger Stufe gleichmäßig verkneten.
2. Aus dem Teig mit bemehlten Händen 10 bis 12 Klöße formen und vorsichtig in einen großen Topf mit kochendem Salzwasser geben. Temperatur herunterschalten und die Klöße ca. 20 bis 25 Minuten schwimmend ziehen lassen. Die fertigen Klöße mit einer Schaumkelle vorsichtig herausheben. Sie schmecken gut zu Rindfleisch, Pilzen und Geflügel.

Gemüse und Salat dazu anbieten, damit die Säure vom Fleisch neutralisiert werden kann!

Dinkel-

Spätzle

Zutaten

250 g fein gemahlenes Dinkelvollkornmehl
3 Eier
½ TL Salz
1 Msp Muskatnusspulver
ca. 100 ml Wasser

Zubereitung

1. Alle Zutaten zusammen in eine große Schüssel geben und zu einem feinen Teig verrühren, 10 Minuten ruhen lassen.
2. Wasser und etwas Salz in einem großen Topf zum Kochen bringen und den Teig durch eine Spätzlepresse oder einen Spätzlehobel in das kochende Wasser gleiten lassen.
3. Die Spätzle sind fertig, wenn sie an der Oberfläche schwimmen. Das geht innerhalb von ca. 5 Minuten. Die Spätzle abschöpfen und in einer Pfanne kurz in heißer Butter schwenken. Sie sind köstlich zu Fleisch, Gemüse und mit Käse überbacken.

Arme Ritter

Zutaten

350 ml Vollmilch
2 Eier
50 g Rohrzucker hell
8 Scheiben Dinkeltoastbrot
6 – 8 EL Bio-Sonnenblumenöl

Zubereitung

1. Milch, Eier und Rohrzucker verrühren. Die Toastbrotscheiben in einer großen Auflaufform verteilen und die Eiermilch darübergießen.
2. Das Öl in einer Pfanne erhitzen und die getränkten Toastbrotscheiben darin von beiden Seiten gut anbraten.
3. Die fertigen armen Ritter mit Puderzucker bestäuben und warm mit Kompott nach Wahl servieren.

Apfel-

Gemüse

Zutaten

1 kg säuerliche Äpfel
250 g Zwiebeln
5 EL Öl
¼ TL Salz
1 Msp Galgant
1 Tasse gekochte Dinkelkörner

Süße Variante
1 Kugel Vanilleeis pro Person
1 kg säuerliche Äpfel
1 Tasse gekochte Dinkelkörner
1 – 3 EL Honig
1 Msp Galgant
nach Geschmack Zimt
5 EL Öl

Zubereitung

1. Die Äpfel waschen und in dünne Scheiben schneiden. Die Zwiebeln schälen und in Ringe schneiden.
2. Öl in eine Pfanne geben und die Zwiebeln, die Äpfel und Gewürze bei mittlerer Hitze ca. 10 bis 15 Minuten weich schmoren.
3. Mit den gekochten Dinkelkörnern mischen, passt beispielsweise zu Lammfleisch.

Süße Variante: Äpfel waschen und in dünne Ringe schneiden und in heißem Öl kurz anbraten. Mit den Körnern, dem Honig, Zimt und Galgant mischen und mit Vanilleeis heiß servieren.

*Süß*speisen

Süße

Birnen

Zutaten

6–8 reife Birnen
3 EL gemahlene Erdmandeln
2–3 EL geröstetes Dinkelmehl
150–200 ml Sahne
½ TL frischer Zitronensaft
1 Msp Zimt
250 ml Wasser
4 EL Holunder-Cassis-Fruchtsoße

Zubereitung

1. Die Birnen waschen, trocknen, vierteln und das Gehäuse entfernen. Möglichst die Schale nicht entfernen. Die Birnen in einen Siebeinsatz legen, in einen entsprechenden Topf ca. 500 ml Wasser füllen und mit dem Zitronensaft zum Kochen bringen. Dann die Temperatur auf mittlere Hitze stellen und die Birnen ca. 10 Minuten im Dampf weich werden lassen. Die Birnen auf einer Platte warm stellen. Das geröstete Dinkelmehl in der Sahne verrühren und in dem Kochwasser, das jetzt wie frischer Birnensaft schmeckt, nochmals kurz aufkochen.
2. Die gedämpften Birnen mit dem Erdmandelmehl überstreuen und darüber die Dinkel-Sahnesoße und den Zimt geben. Ganz zum Schluss etwas Holunder-Cassis-Fruchtsoße darübergießen und alles warm servieren.

Birnen-Kompott

Zutaten

1 großes Glas Birnenkompott
2 EL geröstetes Dinkelmehl
200 ml Sahne
1 Msp gemahlenen Zimt
2 EL gemahlene Erdmandeln

Zubereitung

1. Das Birnenkompott in einen Topf geben. Das geröstete Dinkelmehl in der Sahne auflösen und in das kalte Birnenkompott geben, kurz aufkochen, bis der Birnensaft cremig geworden ist.
2. In Dessertschalen füllen und das Erdmandelmehl und den Zimt darüberstreuen. Besonders lecker auch mit Pfirsich-, Kirsch- oder Erdbeerkompott.

Das Birnenkompott eignet sich als warmes Frühstück oder als Dessert
mit einer Kugel Vanilleeis.

Honig-

Bananen

Zutaten

Pro Person 2 – 3 Bananen je nach Größe
1 EL Honig
1 Tasse gekochte Dinkelkörner
3 EL Mandel- oder Walnussöl
3 EL gemahlene Mandeln oder Walnüsse
200 ml geschlagene Sahne
4 EL Mango-Fruchtsoße
1 Msp Zimt gemahlen

Zubereitung

1. Das Öl in eine Pfanne geben, nicht erhitzen. Die Bananen schälen und der Länge nach halbieren, dann in das Öl legen und kurz hoch erhitzen. Bei kleiner Flamme von beiden Seiten ca. 5 bis 8 Minuten weich schmoren. 1 EL Honig über die Bananen verteilen. Die Dinkelkörner dazugeben und erhitzen, die Sahne steif schlagen.
2. Die Bananen auf einer großen, angewärmten Platte anrichten, mit der geschlagenen Sahne, Nüssen und Zimt dekorieren. Die Mango-Fruchtsoße vorsichtig auf die Schlagsahne geben und warm servieren. Eventuell Walnusseis dazu anbieten.

Apfel-

Fruchtspeise

Zutaten

6–8 säuerliche Äpfel
2 EL Honig
2–3 EL geröstetes Dinkelmehl
200 ml Sahne
3 EL gemahlene Haselnüsse
2 Nelken
1 Msp Zimt

Zubereitung

1. Die Äpfel waschen, putzen und in dicke Scheiben schneiden. Mit den Gewürzen in einen Topf geben und knapp mit kaltem Wasser bedecken. Einmal kurz aufkochen und dann auf kleiner Flamme weich köcheln lassen.
2. Das geröstete Dinkelmehl in der Sahne verrühren und zu den gekochten Äpfeln geben, langsam rühren, bis die Flüssigkeit cremig wird. Honig hinzufügen und alles auf angewärmte Teller legen, die Haselnüsse darüberstreuen.
Die Speise eignet sich hervorragend als warmes Frühstück oder auch als Dessert. Man kann sie auch mit anderen Früchten, wie Erdbeeren, Himbeeren, Birnen etc. zubereiten. Eventuell eine Kugel Vanilleeis dazureichen.

Frische
Früchte

Zutaten

1 Apfel
1 Birne
1 Mango
1 Orange
2–3 Bananen
¼ l Apfel-Mango-Saft
½ TL frischer Zitronensaft
1 EL geröstetes Dinkelmehl

Zubereitung

1. Den Apfel und die Birne waschen, putzen und klein schneiden. Die Mango teilen, den Kern entfernen und das Fruchtfleisch herausschälen. Die Orange und die Bananen schälen und in kleine Stücke schneiden.
2. Alles zusammen mit dem Apfel-Mango- und dem Zitronensaft sowie dem gerösteten Dinkelmehl in einen Küchenmixer geben, fein pürieren und sofort in Dessertschalen servieren.

Frischer

Ananas-Mix

Zutaten

1 reife Ananas
2–3 Bananen
200 ml Sahne
1 EL geröstetes Dinkelmehl
½ TL frischer Zitronensaft
2–3 Blättchen Zitronenmelisse

Zubereitung

1. Die Ananas in dicke Ringe schneiden, schälen, den mittleren Strunk entfernen und in kleine Stücke schneiden. Die Banane schälen und klein schneiden.

2. Die Früchte, den Zitronensaft, das geröstete Dinkelmehl und die Sahne in den Küchenmixer geben und fein pürieren.

3. In Dessertschalen anrichten und sofort servieren. Mit der Zitronenmelisse verzieren.

Anstelle von Ananas können Sie auch Erdbeeren oder Himbeeren, eventuell sogar noch halb gefroren, verwenden.

Früchte-

Müsli

Zutaten

2–3 süße Äpfel
2 reife Orangen
2–3 Bananen
1 TL geröstetes Dinkelmehl
3 EL Traubenkernmehl
250 ml Vanille-Joghurt oder Vanille-Soja-Pudding
1 TL frischer Zitronensaft

Zubereitung

1. Die Äpfel waschen und klein schneiden. Den Stiel und das Gehäuse entfernen. Die Orange schälen und in kleine Stückchen schneiden. Die Bananen schälen und in dünne Scheiben schneiden.

2. Die Früchte in eine Obstschale geben und mit dem Zitronensaft vorsichtig vermischen. Den Vanille-Joghurt (oder Soja-Pudding) und das geröstete Dinkelmehl über die Früchte geben und ganz vorsichtig unterheben. Anschließend das Traubenkernmehl darüberstreuen und gleich servieren.

Frische
Erdbeeren

Zutaten

2 Schalen frische Erdbeeren (oder Himbeeren)
1 EL geröstetes Dinkelmehl
250 ml Sahne
Eventuell 1 – 2 EL Rohrzucker
Etwas frische Zitronenmelisse

Zubereitung

1. Die Erdbeeren oder Himbeeren waschen und den grünen Stiel entfernen und halbieren.
Nach Geschmack mit Rohrzucker süßen.
2. Die Sahne steif schlagen und ganz vorsichtig unter das geröstete Dinkelmehl heben.
Die Masse über die Erdbeeren geben, mit der Zitronenmelisse verzieren und sofort servieren.

Süße Melone

Zutaten

2 Honigmelonen
4 Bananen
200 g Himbeeren
250 g Vanillejoghurt
1 EL geröstetes Dinkelmehl
½ TL frischer Zitronensaft

Zubereitung

1. Die Melonen halbieren und die Kerne herausnehmen und an der unteren Seite die Spitze gerade abschneiden. Die Melone innen sofort mit dem Zitronensaft beträufeln und auf Dessertteller setzen.
2. Die Bananen schälen und in dünne Scheiben schneiden. Mit den Himbeeren mischen und in die Melonenhälften füllen. Den Joghurt und das geröstete Dinkelmehl vorsichtig verrühren und über die Melonenhälften geben. Gleich servieren.

Es geht bei der Regulierung des Säure- und Basenhaushaltes nicht darum, dass alle Lebensmittel die säuernd wirken, gemieden werden sollten. Geschickter ist es, einen Teil »säuernd« durch zwei bis drei Teile »basisch« auszugleichen.

9

Lebensmittel

und ihr Bezug zum Säure- und Basenhaushalt

sauer
oder
basisch?

sauer

Lebensmittel, die annähernd sauer verstoffwechselt werden:

Fette & Öle
Margarine

Fisch
Meeresfrüchte
Geräucherter Lachs
Süßwasserfisch

Fleisch
Fleisch, Wurstwaren, Schinken

Gemüse
Rosenkohl
Erbsen
Linsen
Mais
Spargel
Wirsing

Getränke
Kaffee
Limonaden mit Zucker
Mineralwasser mit Kohlensäure
Sekt und Wein

Getreide
Reis
Weizen
Haferflocken
Roggen
Grünkern
Weißmehl

Milchprodukte & Eier
Würziger Käse
H-Milch
Eiweiß

Süßes
Zucker, weiß
Marmelade mit Zucker
Milchschokolade

basisch

Lebensmittel, die annähernd neutral verstoffwechselt werden:

Fette & Öle
Bio-Süßrahmbutter
Bio-Sonnenblumenöl
Bio-Olivenöl

Milchprodukte & Eier
Buttermilch
Bio-Joghurt, vollfett
Bio-Sahne
Bio-Saure Sahne
Bio-Vollmilch
Eigelb
Molke
Bio-Gouda, vollfett
Bio-Butterkäse, vollfett
Tofu

Gemüse & Kräuter
Kartoffeln
Edelkastanien
Fenchel
Karotten
Kohlrabi
Rote Bete
Sellerie
Weiße Bohnen
Zucchini
Gemüsepaprika
Kürbis
Rettich
Kopfsalat
Meerrettich
Oliven
Gurken
Chicorée
Knoblauch
Radieschen
Frische Kräuter

Getränke
Frisch gepresste Gemüsesäfte
Kräutertee, nicht gesüßt

Getreide
Dinkel, sortenrein
Kartoffelstärke
Soja-Mehl

Obst
Datteln
Feigen
Äpfel
Zitronen
Aprikosen
Bananen
Birnen
Trauben, Rosinen
Wassermelonen

Süßes
Bio-Honig

Biologisch erzeugte Lebensmittel werden überwiegend basisch verstoffwechselt, da sie auf mineralstoffreicheren Böden wachsen.

Bildnachweis

foto-art-media
Romana Kochanowski, Bad Kissingen
(Titelbild, Porträt, Fotos zu den Rezepten)

Schön & Gesund – Hans-Joachim Joseph e.K.
Regina Vossenkaul
S. 16: Jörg Beuge/fotolia.com, S. 23: Kmaeda/fotolia.com, S. 24: photocrew/fotolia.com, S. 25: drubig-photo/fotolia.com, S. 27: lantapix/fotolia.com, S. 29: Eskymaks/fotolia.com, S. 31: monticellllo/fotolia.com, S. 35: by-studio/fotolia.com, S. 35: astral113/fotolia.com, S. 36: fotyma/fotolia.com, S. 36: Andrzej Tokarski/fotolia.com, S. 36: Angel Simon & Africa Studio/fotolia.com, S. 37: photocrew/fotolia.com, S. 37: photocrew/fotolia.com, S. 37: geografika/fotolia.com, S. 38: Andrey Starostin/fotolia.com, S. 38: sommai/fotolia.com, S. 39: Sergii Moscaliuk/fotolia.com, S. 39: valery121283/fotolia.com, S. 40: ExQuisine/fotolia.com, S. 40: Corinna Gissemann/fotolia.com, S. 41: womue/fotolia.com, S. 41: alexlukin/fotolia.com, S. 42: Dionisvera/fotolia.com, S. 42: EM Art/fotolia.com, S. 43: dusk/fotolia.com, S. 43: Joachim Opelka/fotolia.com, S. 43: Anna E/fotolia.com, S. 44: Scisetti Alfio/fotolia.com, S. 44: ivanmateev/fotolia.com, S. 44: Mauro Rodrigues/fotolia.com, S. 45: mates/fotolia.com, S. 45: Harald Biebel/fotolia.com, S. 45: mgp/fotolia.com, S. 46: Malyshchyts Viktar/fotolia.com, S. 46: Tim UR/fotolia.com, S. 46: tropper2000/fotolia.com, S. 46: womue/fotolia.com, S. 47: Marek Gottschalk/fotolia.com, S. 47: areif/fotolia.com, S. 47: mates/fotolia.com, S. 47: womue/fotolia.com, S. 48: Scisetti Alfio/fotolia.com, S. 48: Tim UR & karandaev/fotolia.com, S. 48: Nik_Merkulov/fotolia.com, S. 48: spline_x/fotolia.com, S. 49: ChaotiC_PhotographY/fotolia.com, S. 49: Anna E/fotolia.com, S. 49: emuck/fotolia.com, S. 49: valery121283/fotolia.com, S. 181: Piotr Marcinski/fotolia.com